晚清出版史料汇编

叶新　周伟俊　编

知识产权出版社
全国百佳图书出版单位
—北京—

图书在版编目（CIP）数据

晚清出版史料汇编/叶新，周伟俊编. —北京：知识产权出版社，2021.4
ISBN 978-7-5130-7490-2

Ⅰ.①晚… Ⅱ.①叶… ②周… Ⅲ.①出版工作—史料—汇编—中国—清后期
Ⅳ.①G239.295.2

中国版本图书馆 CIP 数据核字（2021）第 064413 号

内容提要

本书汇编了来自《万国公报》《时务报》《北洋官报》《中国教会新报》《益闻录》等三十余种刊物的 77 篇晚清时期出版史料，内容包括关于译书局的新见、关于著作权的法规、印书机构的介绍、出版相关新技术的介绍等，包罗了与出版相关的各方面内容，展现了晚清时期我国及西方国家出版行业的状况。

责任编辑：阴海燕　　　　**责任印制**：孙婷婷

晚清出版史料汇编
WANQING CHUBAN SHILIAO HUIBIAN
叶　新　周伟俊　编

出版发行：知识产权出版社有限责任公司	网　　址：http://www.ipph.cn
电　　话：010-82004826	http://www.laichushu.com
社　　址：北京市海淀区气象路 50 号院	邮　　编：100081
责编电话：010-82000860 转 8693	责编邮箱：laichushu@cnipr.com
发行电话：010-82000860 转 8101	发行传真：010-82000893
印　　刷：北京中献拓方科技发展有限公司	经　　销：各大网上书店、新华书店及相关专业书店
开　　本：720mm×1000mm　1/16	印　　张：8.75
版　　次：2021 年 4 月第 1 版	印　　次：2021 年 4 月第 1 次印刷
字　　数：150 千字	定　　价：58.00 元

ISBN 978-7-5130-7490-2

目　录

申明印格物入門一書事

本新報中次次刊出格物入門書中化學並非專補新報之缺實欲教內教外觀新報者彙集成書增其見識廣其學問如悟徹此理隨心立業無一不備不精是各得益處勿為此書泛泛然也而作此書者係由北京總理衙門做成刷印無多價雖不大購之甚難借此新報聚成豈不價廉工省之至也哉

答半聾庸人問印書價

本書院前於二十五次新報中代　半聾庸人先生問　美華書舘擺印三正宗稿書價兹據　美華書舘主人覆云本書舘印書甚夥兹因無暇不能言價且未知刊印幾何惟擺字之工不過一手可就比如一本亦要擺字而成數萬本亦然倘印五百本一千本停而不印或遲數日再印而字係活板必須折做别用如耑守此一書甚屬不便所以請爲轉答再議可也

印書

上海兩處用印書架八個連本地木板上年所印成有一千二百五十萬九千五百張　甯波兩處上年所印成書有三十七萬七千張　福州一處架兩個上年所印成書七百萬張　厦門一處架一個書之張數未有　香港一處架四個書之張數未有　各處有架二個書數未有現今　北京新開印書之處未有清單

教會清單	外國牧師	幫辦教會印書行醫	外國娘娘	中國牧師	中國講書	四方鄉鎮講書	禮拜堂	供養男孩	供養女孩	義學讀書男孩	義學讀書女孩	吃聖餐	上名將入教	捐數
北京	十五	四	十九		十三	十四	十三	三十一	四十八	六十一	十二	一百七十二	二十七	二十二元
天津	七		六		十三	七	十四	十四	四	七十三		一百八十四	九十四	一百四十一元
烟臺	四		五		六	六	八	十三	十四			六十九		七十元
登州	五		七		八	十二	十	三十	三十一	六		一百十三		二百零六元
上海並蘇州	八	二	十一	四	六	十三	八	二十八	二十四	九十三	二十	約四百餘	未記數	二百八十四元
九江 新	一		一			二	二			十		四	三	
漢口	七	二	四	一	七	七	八			一百九十八	十	二百零七	五	一百零五元
甯波杭州	十九	二	十三	四	六十	五十九	五十	六十五	六十九	一百十一	三十四	九百六十五	五十四	三百二十四元四角四分
福州	十		十	一	一百零七	六十九	六十七	四十二	六十一	四百八十一		九百二十五	三百八十四	六百零六元二角
厦門	十		七	二	五十二	三十二	二十八			一百六十三	十	一千二百七十一	四百六十六	一千七百三十五元五角四分
臺灣大口	一	一	二		五	四	三					十八	三十五	三十八元
汕頭	五	一	四	二	十八	二十二	二十二		十	二十		二百六十一	二十五	一百零六元四角九分
香港	十		九	二	九	十五	十六	四十六	九十一	一百二十	七	四百	七十	五百元
廣東	二十二	一	十六		四十六	二十九	三十二	六	十二	二千二百廿二	一百零九	六百八十三	二百三十二	一百五十九元八角一分
雜處	五	十	十五	三	十五	十五	十五					一百十九	三十二	
共總	一百廿九	二十三	一百二十九	十九	三百六十三	三百零六	二百九十六	二百七十五	三百五十四	三千五百五八	二百零二	五千七百四十三	千四百四十六	四千二百八十九元四角八

京師繙譯聖經告成

耶穌教聖經有二部一名舊約一名新約都計六十六篇一千一百八十八章三萬一千一百八十五節三百六十五萬六千四百八十字徧行萬國繙譯各音在各外國已繙譯有一百四十八處土音而在中國前已用江南之上海土音繙譯成書使上海人易知今又用京師官音繙譯成書使京師人尤易知合二國牧師六年心力而後成書於一字一言毫釐必辨蓋審之又審而後定焉成書正不易易也英美二國牧師始終其事者凡五人爲艾牧師丁牧師施牧師包牧師柏牧師繙成舊約新約官話書二書不日印行則中國人就官話讀之知聖教之眞理者日益多矣 同治六年法國博物院發給聖經九萬一千部係用法國兩樣土音繙譯者并呈法國之君及大臣觀之其君臣云願百姓看悟聖經得其好處不准禁阻同治七年英國發給聖經二百四十萬部有奇費洋錢八十九萬元各外國皆代爲發給其發給中國者爲偉烈牧師及韋牧師美國百姓有聖經者多使人比戶而查無則予之將無家無聖經矣今中國此書告成印書發給當亦百萬部矣

活字版考

廣東禮賢會敎友 王謙如

余在香港見新報館鑄有鉛字排合成文不勞剞劂上墨壓紙具有機關可省人力瞬息百紙洵屬利便明前西人尚無梓刊之法只繕寫耳故有一書動值數白金讀書家頗艱於得書中葉後始識鐫刷精益求精不百年刱創活字利及寰區考書契華人爲最古彫鏤亦華人爲最先則活字之法亦先於西人沈括夢溪筆談載慶歷中有布衣畢升者始爲活版其法用膠坭刻字形薄如錢脣每字爲一印燒令堅先設一版以松脂蠟和紙灰之類冒之欲印則以一鐵範置鐵版上乃密布字印滿鐵範爲一版持就火煬之藥稍鎔以一平版按其面則字字如砥若二三本未爲簡易若印數十本則極爲神速云云活字之制宋人已有又王楨農書載活字易以木版其貯字之盤則設以轉輪較爲徑捷又陸深金臺紀聞云鉛字之法則質柔易損更爲費日損工鉛字之法明人已有見不甚利旋作旋廢夫創始難工後增易密古人作事畧得梗概在後人繼而益善矣

本朝活字板康熙中圖書集成一萬卷用銅字乾隆中武英殿聚珍板用鉛字

美華書館述畧

上海小東門外之美華書館西國排印活字版書之館也初以排印美國書籍及中華字書籍故名曰美華其活字乃鉛字有大字中字小字極小字數種凡康熙字典所有字皆有之幷有字典所無之字每一字常用者備百字數十字不常用者亦備十餘字數字故同時排印數書而不窮于用字列架別部如字典之部分畫次井然也故排字者按部按畫取字不稽時一人一日可排數千字排成書頁有邊欄焉有直格焉則鉛線條爲之也鉛字極工排成而印無大小參差印而校校而再印再校故鮮訛字印畢字仍入架仍部居畫次不紊亂焉其印也用機器曰印萬頁蓋中國印書一印則一紙一頁西國機器印書一印則一紙數頁也機器以鐵造成大如長桌闊二尺有奇長約三尺形長方如盤其底平以排成書板數頁平聯置內上墨而印也既鋪紙即挽機其機螺旋即其盖下而平壓紙上以機螺轉故力大壓重而印字極清既印而退機之螺即蓋啓一紙出而一紙復入一紙也已印數頁矣印百紙千紙即已數百頁數千頁矣其墨用外國墨粘如油用機器形圓如筒包革于外沾墨于上器轉而字皆上墨矣不用中國墨者以字係鉛製中國墨不能上鉛也其墨名曰自來墨以機挽而進則紙入盖下而壓印已成機挽而退即盖啓紙出而機筒前轉即自上墨而又可入紙矣不煩人力故曰自來墨也所印西國繙譯中國之書其繙譯之字典有數種一爲中國字正文西國字繙譯一爲日本國字正文法國字繙譯一爲英國字正文日本字繙譯一爲日本國字正文英國字繙譯又有聖諭廣訓一卷爲中國字一卷用英國字譯又有中國書目畧解即簡明書目節譯又有忠王口供亦中西對譯此皆譯中國之書也此外所排印者耶穌教之書爲多蓋印書館原爲教會設也此館乃教會中之長老會所立也所印舊約全書新約全書則耶

穌教之聖經也故有西國字本中國字譯本而中國字譯者又有英國譯本美國譯本更有中國官話本上海土話本寧波土話本當其譯也西國各牧師與中國諸先生環坐而譯一字一句解義審音措詞定字互相參酌辨析于毫釐之間蓋西人著書旣專力又集益極精細極審愼焉其他新舊約書中選出單行者如創世記摩西五書詩篇舊約節錄啓蒙馬太福音書馬可福音書路加福音書使徒行傳諸書是也此猶中國之有選本也注釋聖經者有馬可傳略釋使徒行傳注釋舊約史記問答舊約史記條問新約史記條問馬太福音書問答此猶中國之有注疏也輯論聖經者有聖經五倫撮要五常撮要酒戒撮要財戒撮要氣戒撮要色戒撮要安息日撮要聖經圖說聖經類書聖經衍義聖書地名華英語諸書此猶中國之有經說也表彰耶穌者有耶穌降世傳耶穌言行綱目耶穌言行韻文耶穌之言耶穌教例言耶穌教要旨耶穌教問答耶穌教要理問答耶穌教要理大問答救主耶穌來就耶穌耶穌爲誰耶穌門徒金針悔改信耶穌說諸書此猶中國之有傳記也此外教中之書如眞神十誡眞神總論神道總論頌眞神歌福音之言福音問答略福音問答合講天道溯原天道溯原直解天路指南天路歷程續天路歷程天牖二光正道啓蒙宣道指歸信道摘要喩道傳眞理易知眞理三字經眞理三字經注釋小顯理約瑟言行傳以利亞言行傳保羅垂訓登山寶訓鄉訓訓兒眞言醒世良言勸眞論西士來歷言行記西士來意論聖會勸懲條例教會政治公會史鑑信經祈禱文小祈禱文淺白祈禱文祈禱入門要訣讚美詩撒庇書三要錄信操三綱靈魂篇靈魂總論靈魂貫于身體論長老論孩受洗論救世要論罪人得救法善惡人死論棄假從眞論復新論祀先辨繆辟奉偶像解張遠兩友論臨近問答亨利實錄桑榆再生記魯孝子父子記之類此皆教中之書也尚有天文地理禮樂醫算格物小學譯語之書如談天地球說畧地理問答地理別名書萬國公法婚喪公禮西國樂法啓蒙曲譜讚美詩醫書五種藥性總考醫名華英

語心算啓蒙重學重學淺說代數學代微積拾級格物入門博物新編花圖書化學初階初學編雙千字文常字雙千官話文法官話文學書官話初學書此官話初學書則日耳曼字譯語也日耳曼卽布國也又有上海土白文法土話初學上海土白字彙中西譯語妙法諸書此皆西人所著之書猶中國之有雜著也然此第舉美華書館排印發售之書而言粵閩浙甯各書館所排印者尚未之及也西人所著書浩如煙海悉數難終焉鉛字之外又有銅版則非銅字排成乃鑄銅而成有字之全版其法始則以鉛字爲模依書排字繼將排字覆印于蠟版之上以黑鉛粉塗蠟版上以銅版與蠟版對置置電氣箱內俄而電氣化銅蠟版吸銅而成銅版銅版之字堅光精妙勝木版遠矣前所言諸書中有銅版者如聖書之五倫五常撮要聖書之酒財氣色四戒撮要及馬太傳福音之言耶穌之言天道溯原天路歷程續天路歷程亨利實錄訓兒眞言諸書皆鉛字本外又有銅版本焉前所言之印書機器至巧至速矣歲印億萬紙矣然猶西人用于中國之印書機器也若西人用于本國印書館則用火輪機器印更不用人之挽機不用人之入紙半時許可印萬五千紙一紙分開乃書數頁則半時許約計可印書五六萬頁矣更巧而速

記美國二先生著述

前一百六十五卷新報言美華書館用鉛字活版排印繙譯字典有四種矣兹有美國長於繙譯二先生至上海一名郝伯英一名衛三畏皆西國閎通博雅之士也郝伯英近自日本國之横濱至上海前譯字典乃日本字正文西國字譯解已印行矣兹又改正偶誤而又廣補其未備又印行矣此西國譯日本國之字典也此西人學日本語所用也邇來日本人學西國語已又撰成西國字正文日本字譯解之字典矣今中國人欲學西國語何不撰一西國字正文中國字譯解之字典乎衛三畏美國鈕瑤省之餘地嘉人也生于耶穌之一千八百十四年少習印書事年二十有四時美國教會命其至中國司教會印書事明年六月自美國登舟十月至廣東司印書事嗣抵澳門司東印度通商公司印書事越四年送日本國遭風難民歸國經琉球國達日本國之東京又越七年歸美國成婚又越四年再抵廣東仍司教會印書事又越五年美國使臣赴日本命三畏爲繙譯官事竣仍至廣東香港明年美國水師提督百里帥水師偕三畏往日本議定和約三畏仍爲繙譯官和約既定仍至香港越二年是爲一千八百五十六年御印書事爲美國欽使之繙譯官越二年是爲一千八百五十八年是年六月十八日美國與中國在天津議定和約三畏與其事明年美國新欽使花爾德至中國三畏偕之往天津换和約居北京旬餘於八月十六日既换和約即至上海明年歸國越二年又至中國北京自此以後至今凡九年皆居北京欽使屢易三畏屢攝欽使事綜其平生著述於一千八百四十二年居廣東時撰拾級大成此書爲西人學粵語而作也越二年撰英華韻府歷階此書亦譯字之書也是年又撰中國地志越四年又撰西國字中國史書凡二巨編上編卷首有中國總督耆英像用滿漢字書名下編有美國牧師雅裨理像此書西人甚重之今已四易版矣越八年又撰英華分韻撮要越七年又撰通商章程記事等書近在北京爲繙譯官又撰繙譯字典其書以中國字爲正文用西國字譯解今將排印矣三畏久於中國學問淵博此書極其精審夫西國人屢譯字典矣但未知中國人何時撰西國字正文中國字譯解之字典耳今郝衛二先生皆在上海請美華書館排印其著述自爲讐校

大印書房

法國向有大印書房凡有國家傳宣諭旨新律文件公牘告示等件皆於此印書房印訂現在定擬本年用項計有五百五十萬福南克每一福南克係洋一角九分大共約一百萬元上下其內作工者有一千人女人暨學生均在數中攏字人有二百四十二人印書人二百十人每日自一洋至二洋工價女人折書每日工價自三角八分至七角六分止學生進館後至第二年起方有工價每日一福南克逐日自八點鐘開工起至六點鐘止除應做之工夫外如有格加搶趕生活工價加倍此內有火輪書架二十架又有東邊各國字計五十九種即東洋中國印度滿州等字可以印書而且印之不少如有人用各國之字亦可於此買用兼以代印成書除五十九種外仍有西邊各國之字一百種前時有教會王皮武第七至書房遊覽其總管書房之人令各工人將一百五十種字各作主禱文一篇當時即行攏印訂成送與教會王而教會王入房之時始令做之纔教會王遊遍出房之時將一百五十種字之主禱文已取去矣試想工做何等神速其書房內所經辦巧妙花樣字文歷代諭旨律例告示各色紙張自法國號魯意第十三起至今共二百六十年皆有存稿可查再英美兩國較此書房大者有之惟專印耶穌教會聖經書房也

印書新機

十一月

平鐵面上、一人在機後立於輪旁、手轉輪軸、其紙皆盤於輪以皮帶約束之、隨轉隨放、自左而傳於右、抵活字板上、即自行印出、且甚精潔云、

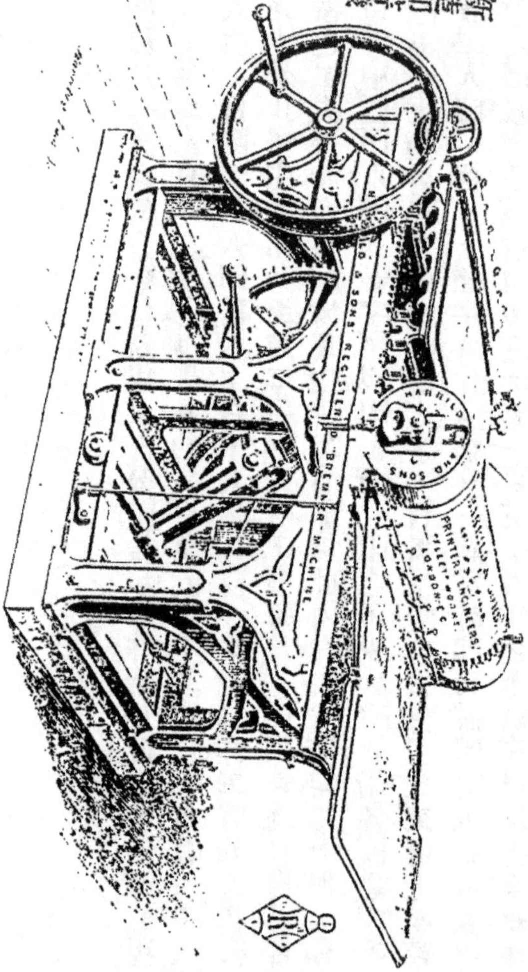

新造印書機

HARRILD AND SONS'
One and Two-Colour Registered "BREMNER" Machine,
CAN BE SUPPLIED WITH STOPPING OR TUMBLING CYLINDER, AND WITH OR WITHOUT SELF-ACTING SHEET-FLYERS

印書會

泰西無分男女皆能讀書然愼所讀何書入道未深之人悅觀者是小說之類各處人情如此苟所觀之書不善貽害人心匪輕故從道之人聯有印書會專印善書廉其價使人便於誦讀有專印聖經全套或聖經分部者有專印各種勸世之書者印書會以英國花旗國爲最大去歲英國印書會出清單言一千八百七十一年七月起至一千八百七十二年六月止共捐得銀七百廿五萬元爲印書之費計聖經已譯者有二百餘處方言每年印數百萬套

其書中仍有新聞紙數兼書籍源流新撰書籍數如暇仍欲登報

書籍源流

各國藏書最古莫如埃及當初年藏有古書不可勝數後亞述國侵之毀於火後所存者金石文字而已其體倘形與夏商鐘鼎籀文相佛希利尼雅典城藏書亦富波斯王侵之擄其書以歸置波斯書庫中後希利尼人復集之最著名者是亞力山大城二千年前有一埃及王聚書七十萬種後增二十萬共九十萬種回回教土耳其人侵之焚其書存者無幾後在羅馬國太學院有一王聚書十二萬種亞拉伯有一城聚書亦二十五萬種今泰西每城皆有一院聚書使文人得以觀覽法蘭西京都王宮藏書有一百零八萬四千種另一院有五十萬種日耳曼有一城聚有八十一萬八千六百種德國京師巴陵王宮有五十餘萬種以打拉士布利城有三十餘萬種餘各小城聚三四十萬者甚多英國京都倫敦聚有六十一萬種有五城聚有十萬至二十萬不等俄羅斯京都彼得聚有四十七萬五千種大尼國京都聚有四十二萬八千種羅馬城有三十二萬四千種小城十餘萬種者不可勝算大抵每大書院至少聚書十餘萬種 小院亦數千種

中國四庫中亦頗聚書但非人皆可觀泰西書院聚書盡人可觀獨書記其名便於查覈以免遺失矣是以觀書甚便博攷古今易於披覽苟書籍不富則見聞不廣欲備置各種非一人可能有古書其值甚昂且無可購苟非書院珍藏曷從得觀書院藏書裨益國人大矣

德國新撰書籍數

自一千八百七十年七十一年此二年間新撰之書甚夥內類書上年有二百四十二種下年有二百七十九種

經學上年有一千四百七十種下年有一千三百六十二種

法學上年有一千零十四種下年有一千零五十二種

醫學上年有四百一十二種下年有四百五十九種

格物及化學上年有五百三十五種下年有五百七十九種

理學上年有一百零三種下年有一百五十三種

讀書則例讀書入門上年有九百九十七種下年出有一千零五十九種

小說喻傳訓蒙上年出二百三十五種下年出三百十種

考古方言考古器物上年出三百九十五種下年出三百五十種

各國方言上年出二百九十七種下年出三百四十四種

今古鑑史上年出六百九十二種下年出八百九十一種

地理志上年出二百三十四種下年出二百四十八種

歷代天文上年出一百一十四種下年出一百四十四種

武學上年出二百四十二種下年出二百五十一種

貿易機關上年出四百一十一種下年出四百五十三種

器機事宜上年出四百一十一種下年出四百五十三種

園林叢說獵覺提致上年出一百九十二種下年出二百零五種

農書上年出九十一種下年出六十九種

小說書詩歌上年出七百三十九種下年出九百五十種

藝學上年出三百四十五種下年出三百八十五種

方言書上年出二百九十一種下年出二百三十六種

地圖書上年出二百四十二種下年出二百零四種

一千八百七十年四共出書一萬零五十八種　一千八百七十一年共出書一萬零六百六十九種　是坊間通行本

德國書籍出口入口表　由外國運入者每年有三萬八千四百八十一担運往外國者每年一千零四萬七千另九担約銀一千三百萬元有城凡書由此過者每年有十四萬八千担

英國京都倫敦一千八百七十一年出書共四千八百三十四種內三千四百八十九種是新撰一千三百四十五種是古書翻刻

助錢印書傳道

藍牧師

英國教會於去歲曾收助傳道銀一百萬餘元彼處有一人因子生病大愈竟助銀十萬元又有一公會名未士利會於去歲收助傳道銀八萬餘元倫敦公會收銀五萬餘元英國與各國之聖經會收銀一百餘萬元此數會皆在倫敦城內者總共收助傳道銀八百餘萬元此項銀兩皆爲制印聖書並往普天下傳道之需

緬甸國事 印送聖書

美國浸禮公會新報云在緬甸國聖經公會已照其本國字語繙譯聖書曾刷印詩篇箴言五千餘本第二次復印創世記出埃及三千本有一馬可牧師教彼國皇太子讀習聖書其國王亦手持聖書每日誦讀而於但以理聖書其皇宮內諸人尤喜讀國王稱但以理書名夢聖書馬可牧師每分送聖書之時百姓來取討者甚衆貧富皆至聽道者如堵擁擁擠擠分送不及必須先設法以木板將身圍護妥當再行講道分出不然衣被撕碎矣現今彼國信道進教者極多僧民俱喜閱讀聖經是以僧人云此時始知有一無始無終永遠之神上帝也而彼僧人素常只知拜求偶像不知恭敬神上帝及至讀聖書始知偶像妄誕神上帝眞有可謂開彼茅塞化彼愚拙也現今國中百姓不拜偶像者多矣而教會日漸興旺焉

大印書房

倫敦有開大印書房者其人名特魯布拉新出教會書名目計三百種書中所記皆論古今各教之事如儒釋道回及印度波斯古希臘古羅馬等教與夫俄丹瑞典瑙威南北亞美利堅土人等教計共教書有三百種之多云

美華書館本年清單

上海小東門外美華書館乃長老教會中所開專印教會中之聖書等件館中澆字數種計英字華字滿字東洋字各分幾等又澆鉛板電氣銅板擺西國字擺中國字印書有大小架子大架機器用六人管理小架只須一人推印靈活異常年年出有清單茲所出者乃一千八百七十三年至一千八百七十四年止合共印出聖書暨各種傳教單張又各新報數種計有四十三兆六十一萬八千四百三十一張其餘年中所澆電氣銅板又鉛板又造大小字模均載單內本書院未便全譯然足顯西國印書之法爲善速也

印書機器圖說

中國刻木板印書籍者已二千餘年矣至今仍守舊制尚未更變西國刻木板印書之始不到四百年前而創行之惟近今所用之法年精一年與昔日者迥異其先將字母分而刻之然後湊集成字成文後又以鉛作字而代木刻因造鉛字之一模則能做出若干鉛字豈非大勝於用木刻之字母哉其鉛字已算最爲得法加以再行考究印書之架設架之始頗形粗拙印工大爲勞力所做工課猶覺甚少其架之形略如壓物之螺絲架印書時稍不留神必將鉛字壓壞後有荷蘭國人設更妙之法仍以螺絲爲之惟有機能令壓紙之蓋板自行向上又有一桿將其桿下壓則蓋板仍然落下即印書一張但其初用之架以木爲之略一百年前有人設法以鐵爲架後設靈巧之器大省印工之勞其架之最靈者於一點鐘內能印二百五十張西法印書之紙兩面皆印是以每點鐘時只可印成一百二十五張略一百年前新聞紙初次興旺觀者甚衆所印者不敷所賣故務必另索新法而得極快之印書器具始可

西歷一千八百十四年十一月二十八日始用新法所造之機器在英國倫敦印新聞紙此機器以汽機之力運動當日所印之新聞紙係新法之第一次也其機器有大輥輪將鉛字擺於活板上令活板由輥輪之下往

運動當日所印之新聞紙係新法之第一次也其機器有大輥輪將鉛字擺於活板上令活板由輥輪之下往來不停其紙亦有自行之法能環繞輥輪之上以二幼童專司其事一童添未印之紙入內一童收取印成之紙其輪上之油墨亦有自行之法能敷之自設此法以來印書之工更加便捷以一具輥輪之器每點鐘能印新聞紙九百至一千二百張卽活板往來一次而印一張也有此器之後復又造雙滾輪器其活板來時可印一張往時又印一張比前造之機器又可多得一倍而以四幼童司理之卽兩童添紙入內兩童專收印成之紙西國之紙兩面皆印而印成一面之紙先在機器之側置成一堆俟一面之印工已完再易鉛字而印紙背面然而尚有人嫌此工課太繁所以另設一器一動卽能印出兩面其機器大而印工更快間有能幷用兩色墨而印出兩種顏色之字此器雖可印成兩面然尚不足日報所應出之數是以一千八百四十八年有人在倫敦造新機器印倫敦極大之新聞紙其法將鉛字排在大輪之上輪以生鐵爲之徑五尺六寸以法相連鉛字於輪面不使墜落其輪爲直安者又有繞紙之輥輪八個圍附大輪之面則大輪每轉一周能印紙八大張近來英國有新設立之新聞紙館以此新法造印書機器

第六圖

其價銀略一萬五千兩有連鉛字之一大輪又有輥輪六個每輪須用添紙者一人其大輪轉一周可印紙六大張每點鐘時能印一萬二千二百四十張可知添紙者每人每分時必添三十四張每分時共印二百零四

張倘若添紙之人已經熟手則每點鐘時能添二千五百張而一點鐘內共能印成一萬五千張矣近今倫敦之大新聞紙舘中所造之新機器有用十個輥輪者每點鐘能印二萬張每張長四尺寬三尺惟所印者不過一面耳至其背面工亦同也

如第六圖爲一個輥輪之機器便於印新聞紙與各書籍可以人力運動之或用牛馬力或以汽機運動皆可每點鐘時能印一千餘張其價不甚昂而華人用之亦不易損壞蓋此種印書機器業經在上海用之者已有數具而別埠亦有之若印中國書籍即以中國紙與中國之鉛字仿照西法印之亦可惟祇可印其一面因紙薄耳

書籍考

王炳坤

容成大庭之世結繩而用自包犧氏畫八卦而文籍始生唐虞以上之書今不得而考然武王受丹書於太公則知上世之書亦備至周初亦見不過後世失傳矣成周之世唯楚左倚相能讀三墳五典八索九邱餘得見六經者亦鮮故韓宣子適魯然後見易象與春秋吳季札聘於列國然後得聞詩之風雅頌自孔子刪禮刊詩修春秋撰周易六經燦然大明及遭秦火而書籍亡漢興建藏書之策置校書之官至孝成之代求天下遺書詔劉向父子讎校篇籍總羣書著七略曰輯略六藝略諸子略詩賦略兵書略數術略方技略凡三萬三千九百卷書目自此始至王莽之亂亡矣光武剏興篤好文雅書籍彌積三倍於前既還洛陽其經牒秘書載之二千餘兩班固傅毅等復依七略為書部及獻帝移都纔七十餘乘魏人代漢采掇遺亡刪定舊文分甲乙丙丁四部四庫之名權輿於此甲部曰六藝小學詩書乙部曰古諸子家近世子家兵書兵家術數丙部曰史記舊事皇覽簿雜事丁部曰詩賦圖贊汲冢書四部凡二萬九千九百四十五卷東晉時祇存三千一十四卷宋武帝入關收其圖籍纔有四千卷至文帝積至六萬四千五百八十三卷元徽時丞相王儉又造目錄凡一萬五千七百四卷齊永平中書目凡一萬八千一十卷梁初任昉躬加部集凡二萬三千一百六卷釋氏之書不與焉元帝時有公私經籍為於江陵凡七萬餘卷陳代後魏粗收經史未能全具至後周共八千卷後增至萬卷隋平陳亂初凡三萬卷煬帝好讀書前後備撰共三十一部萬七千卷兩京嘉則殿有書三十七萬卷唐分書為四類曰經史子集開元間凡八萬九千六百卷唐之學者自為之書又二萬八千四百六十九卷至後唐莊宗得十餘卷而已宋初有書萬二千餘卷乾德三年平蜀得書凡萬三千卷四年下詔募書得一千二百二十八卷八年平江南得書二萬餘卷自建隆至大中祥符著錄凡三萬六千二百八十卷淳熙五年凡四萬四千四百八十六卷嘉定十三年以四庫之外書復充斥詔張攀等續增又得一萬四千九百四十三卷南渡以後散佚甚多元興采掇遺亡兩亦粗具遼無前代明史藝文志經部分十類一曰易類二百二十二部一千五百七十卷二曰書類八十八部四百九十七卷三曰詩類八十九部九百八卷四曰禮類一百七部一千一百二

十一卷五曰樂類五十四部四百八十七卷六曰春秋類一百三十一部一千五百二十五卷七曰孝經類三十五部一百二十八卷八曰諸經類四十三部七百三十四卷。九曰四書類五十九部七百十二卷十曰小學類一百二十三部一千六十四卷史部分十類一曰正史類一百十部一萬二百三十二卷二曰雜史類二百十七部二千二百四十四卷三曰史鈔類三十四部一千四十三卷四曰故事類一百六部二千一百二十一卷五曰職官類九十三部一千四百七十九卷六曰儀禮類五十七部四百二十四卷七曰刑書類四十六部五百九卷八曰傳記類一百四十四部一千九百九十七卷九曰地理類四百七十一部七千四百九十八卷十曰譜牒類三十八部五百四卷子部分十二類一曰儒家類一百四十部一千二百三十卷二曰雜家類六十七部二千二百八十四卷三曰農家類二十三部一百九十一卷四曰小說類一百二十七部三千三百三卷五曰兵書類五十八部一千一百二十二卷六曰天文類五十部二百六十三卷七曰曆數類三十一部二百九十一卷八曰五行類一百四部八百六十一卷九曰藝術類一百十六部一千五百六十四卷十曰類書類八十三部二萬七千八十六卷十一曰道家類五十六部二百六十七卷十二曰釋家類一百十五部六百四十五卷集部分三類一曰別集類一千一百八十八部一萬九千八百九十六卷二曰總集類一百六十二部九千八百一十卷三曰文史類四十八部二百六十卷經部共九百五十一部八千七百四十六卷史部共一千三百十六部二萬八千五十一卷子部共七十部三萬九千一百一卷集部共一千三百九十八部二萬九千九百五十六卷四部共四千六百三十五部十萬五千八百五十四卷

此稿下次再登

續書籍考

王炳堃

我　國家稽古右文遠邁前代乾隆三十八年五月降　旨博取遺編
高宗純皇帝欽定四庫全書總目經部分十類一曰易類四百八十六部四千二百三十二卷二曰書類一百卌七部一千零九十四卷三曰詩類一百四十八部一千八百六十四卷四曰禮類周禮之屬六十一部七百五十四卷儀禮之屬三十七部五百九十三卷禮記之屬六十四部一千一百七十二卷三禮總義之屬廿六部三百四十五卷通禮之屬十部八百十一卷雜禮之屬二十二部一百二十卷五曰春秋類二百三十七部三千三百七十六卷六曰孝經類二十九部七十卷七曰五經總義類七十五部四百六十卷八曰四書類一百七十七部一千三百七十卷九曰樂類六十四部七百七十四卷十曰小學類訓詁之屬二十部一百八十六卷字書之屬一百六部一千八十卷韵書之屬九十八部八百五十卷史部分十五類一曰正史類四十五部三千八百二十四卷二曰編年類七十五部二千九百十三卷三曰紀事本末類二十六部一千二百十三卷四曰別史類五十七部二千七百九十一卷五曰雜史類二百一部一千三十卷六曰詔令奏議類詔令之屬十六部八百八十八卷奏議之屬一百十九部一千五百四十四卷七曰傳記類聖賢之屬三十五部三百一卷名人之屬一百十八部六百七卷總錄之屬二百四十五部一千九卷雜錄之屬六十七部一百三十四卷別錄之屬六部八卷八曰史鈔類四十三部二千九十九卷九曰載記類四十四部四白九十五卷十曰時令類十三部一百四十九卷十一曰地理類宮殿之屬五部十四卷總志之屬二十四部一千三百七十八卷都會郡縣之屬一百五十五部五千二百十九卷河渠之屬七十四部七百五十二卷邊防之屬廿三部四十五卷山川之屬一百四部一千十三卷古蹟之屬五十一部四百九十七卷雜記之屬七十部三百八十九卷遊記之屬二十四部一百三十八卷外紀之屬五十一部一百八十一卷十二曰職官類官制之屬六十一部四百七卷官箴之屬十四部一百二十四卷十三曰政書類通制之屬二十六部二千六百二十九卷典禮之屬七十一部一千三百七十卷邦計之屬五十一部三百二卷軍政之屬六部二百七十六卷法令之屬七部

一百九十四卷考工之屬八部五十三卷十四曰目錄類經籍之屬廿五部九百六十五卷金石之屬五十八部三百四十二卷十五曰史評類一百二十二部一千二百四十九卷子部分十四類一曰儒家類四百十九部四千六十三卷二曰兵家類六十七部五百四十一卷三曰法家類二十七部一百九十四卷四曰農家類十九部二百六十三卷五曰醫家類一百九十六部二千四百三十九卷六曰天文算法類推步之屬五十四部五百五十六卷算書之屬二十九部三百三卷七曰術數類數學之屬四十五部三百十二卷占候之屬二十八部五百十五卷相宅相墓之屬二十六部一百四十九卷占卜之屬二十九部九十九卷命書相書之屬二十三部八十二卷陰陽五行之屬三十一部二百十七卷雜技之屬六部五十二卷八曰藝術類書畫之屬一百二十三部一千二百八十四卷琴譜之屬十六部七十八卷篆刻之屬七部三十三卷雜技之屬十五部五十二卷九曰譜錄類器物之屬五十五部四百十九卷草木鳥獸魚蟲之屬五十六部三百六十五卷十曰雜家類雜學之屬二百六部九百二十九卷雜考之屬一百五部一千一百五十卷雜說之屬二百五十四部一千七百三十七卷雜品之屬卌七部一百五十五卷雜纂之屬二百七部二千七百五十九卷雜編之屬四十八部四百八十八卷十一曰類書類二百八十二部一萬四千五百四十九卷十二曰小說家類雜事之屬一百八十七部一千五十六卷異聞之屬九十二部一千七十六卷瑣語之屬四十部二百八十一卷十三曰釋家類二十五部四百二十九卷十四曰道家類一百四十部九百六卷集部分五類一曰楚辭類二十三部一百四十卷二曰別集類二千五百二十八部三萬五千六百五十二卷三曰總集類五百六十三部一萬七千八十一卷四曰詩文評詞類一百四十九部一千二百五十四卷五曰詞曲類詞集之屬八十四部一百四十七卷詞選之屬二十六部三百七十三卷詞話之屬十部三十二卷詞譜詞韵之屬七部九十九卷南北曲之屬十一部五十二卷經部共一千七百九十七部一萬九千一百五十一卷史部共二千一百四十部三萬六千八百三卷子部共二千九百八部三萬七千五百三十三部集卷共三千四百十一部五萬四千八百三十一卷合共一萬二百五十六部十四萬八千三百十八卷海內人士沐浴　聖化於今撰述亦復浩如烟海仰見我　朝人材蔚起煌煌乎文治之極盛也士生當代得遂方策大觀以資蒐羅研討何幸如之

東洋刻印格物探源

日本國向來民間刻印之書凡有　耶穌二字之書不准刻印玆有英國寓中國烟臺之韋廉臣先生前列萬國公報中之格物探源一書後於報中彙齊另行裝訂自成一部分行各省購者莫不以先覩爲快今日本有書坊稟請　國家欲將格物探源翻刻行也竟蒙　日皇批准矣　韋先生一片婆心不致淹沒可爲韋先生幸也且而上海製造局所刻各種西書亦係日本人買去最多明珠非暗投日本人殆高人一等耶

印書略記

艾約瑟譯

溯四百年前、倫敦西城有一碩彥、名曰嘉穀斯頓、乃英國印書之剏始焉、蓋所首印一書、名曰諸儒語錄、在一千四百七十七年時、用活字板印之、迄今四百載、英之濟濟多士、畢集會議、當用何法、以酬印書之益、此乃惓惓不忘之意也、所最有益者、鴻儒才高學茂、著述諸書、俾尋常者視之、前閱者僅數百人、今閱者竟有數萬人矣、古昔嘉言懿行、毫髮不遺、於是印書之事大行、則可毆異端左道、以表殘酷昏暴等事、俾愚者不易受迷矣、蓋一千八百七十七年二月十七日、倫敦西城、彙集專究國政文學格致傳道、所最著名之士、會商特選幾人、執掌諸事、咸曰可將院庫所貯、嘉穀斯頓所印諸書、及印書諸器、歷代新製之器、列於售賣公院、悉聽士民進院賞玩、外有歷代所印新聞報章、亦列於院也、今印書所用諸法、或錫板、或銅板、或鉛板、或鋼板、或石板、或電氣板、並有用光照像之法、皆置於內、凡進院賞玩者所用之錢、除開銷外、餘分給印書之老弱孤寡者、英國輔助印書會、始於五十年之前、莫不稱而誦之曰、印書之首、嘉穀斯頓、遺型猶在、足以嘉會後學、令人景仰靡殷已、

西國印書考　照錄聖會史記

主一千四百四十年、在日耳曼國有一位人、名姑嫡布約翰、新造出印書之法、初用木板、後用銅板、所以讀書比以前最容易、不止讀書的人得有此書、連衆人也可以得查考、因此讀書的人比從前加多印書迅速〇法人有名利囊者、近時在英國倫敦、以法國語言、備述耶穌教中事、有人集爲一書、帶往美國博斯頓城、於禮拜四日、至市肆間售書舖中、書舖主人、去尋一能以法語繙英文之女史、請其譯之、女史允諾、且許云、翌日晨興可繙成一來哥住耳、（能讀一點鐘頃之語爲來哥佳耳）至次禮拜一日、可將若許來哥住耳譯成、至時果如其言、遂付之印書局、由禮拜一至禮拜三、將書刷印妥、裝修妥、惟訂之工尚未成、禮拜四下午五鐘頃、書悉訂就、可持於市肆出售矣、計其全書、一百六十九頁、前後詳細翻閱、並無不精緻齊整苟且塞責處、遂卽發之火車運赴各鄉鎮市、總而核之、繙譯刷印裝訂以及出售、僅七日有餘、不誠速乎、泰西各國、平時遇此等書籍、須需三禮拜日之久、方能成功、此乃繙印書絕快之第一次也、

論設局刊刻書籍　選錄循環日報

國朝文教之隆超越前古其所以嘉惠士林轉移風俗無義不周無法不備當乾隆年間國家運際極盛鑾馭巡幸江南特下詔書謂經史學之根柢巡幸所至江甯之鍾山書院蘇州之紫陽書院杭州之敷文書院各賜武英殿所刊十三經廿二史一部用資髦士稽古之學而一時督撫大臣亦知崇尚經術樂育人才如粤之有學海堂多藏秘書俾有志之士就而研究以時課之用昭勸勉故二百年來士求實學人務通經而不徒虛獵詞華便矜淹雅也光咸之間髮逆倡亂竄擾所及城邑不守所有書籍焚毀殆盡蕩然無存其後大憝漸次蕩平守土之臣慨然以培元氣振文風爲己任特奏請朝廷刊刻各書頒發學校同治六年奉有上諭俞允鮑源深所請由是東南各省先後設局將經史各書刊刻齊全藝林莫不利賴誠以文教與武衛均屬保邦之要務致治之良圖原當同時並舉者也蓋有偏重則有偏廢徒尚武功則人將習於剽悍而患氣伏於草莽專言文治則人將流於迂闊而積弱中於國家故戎兵之詰與學校之修唐虞迄今未之或廢也前閱邸報左侯帥方經理西陲而獨注意於甘省之書籍殘缺特請朝廷飭禮部照所開繕摺頒發各種書籍可知大臣謀國計及久遠原非徼倖於一時之功名矣而山西曾爵撫亦有設立書局重修省志之奏謂士爲四民之望觀應試者少則讀書者亦少而正氣之摧殘有可概見推原其故晉省既無刻印官書即南省已刻之書又因道路艱險無人販運到晉凡市肆所售率皆譌悞不堪卒讀故不獨士人無心力學即院司道府及通省州縣教佐各衙門求有能解字義之書吏已百不得一求有能通文氣可辦咨移申詳札飭告示文件者且千不獲一若不及時振興文教則吏治何由臻於上理民風何由歸於馴厚故特在太原府城內設立濬文書局先將四書六

經小學近思錄呻吟語牧令全書五種遺規荒政輯要各書派員讐校招匠刊刻發交書肆刷印以廣流傳俟時和歲豐復聘淹通儒士纂修全省通志夫晉當大祲飢民待餔救死惟恐不贍地方官有司牧之權責任綦重相與議賑濟謀安輯昕夕不遑似當力籌至急之務而曾爵撫顧計及於此入奏朝廷以爲萬不容緩者夫豈漫無所見哉禮義固生於富足而正德不後於厚生故情殷保庶富教在所兼施爲政策權宜兵食有時可去聖人之言可救一時之弊正可爲萬世之經也三代下政治所以不及於古者非無才畧宏通之輩因時制宜之事要由於彌縫補苴汲汲於目前凡可大可久之規未暇籌畫一切耳晉省卽僻處邊陲繼以六年之旱災七年之荒歉然朝廷軫念民艱議蠲議賑而官紳之撫恤善士之捐助恒不復或遺餘力以期甦困涸之鮒魚慰哀嗷之鴻雁乃婦女互相掠賣已屬慘目傷心更有殺人而食其肉不獨藉彼餓殍充我飢腸其擁厚貲者亦多如秦越人之視肥瘠惟聽外省辦賑善士多方湊欵力任其難則習俗可想可知夫死者人所必不免古而無死則天壤間將無容足之地所恃以彌六合而有千古者惟正氣之常存耳是故維持運會轉移風化所以留人心於不死者端有賴夫教化之涵濡也此設立書局之微意也

乞印書並釋訛言說

近見鉛板所印之書實與中國有所俾益更兼帶圖之書頗多尤爲人所樂觀乞　貴館主人若能將孔子聖蹟圖印而發售更爲中外之士所欲觀者也近又有愚人傳說訛言謂鉛板之書雖佳其字不過一二年全無徒剩空紙而已以致不知者不敢購買余則聞之不勝詫異此等訛言眞令人莫解也余自同治五年買看教會新報起以後接看萬國公報至今十餘年矣所看之報存諸書閣不時翻閱觀前十年之報仍然如故未嘗無一字也　貴館主人嗣後印書將此等訛言作一解釋之說印於各種書皮之內俾買者豁然大悟賣者亦可多售是兩有益者也

北京一知子

印石新獲　○合衆國近於某處開掘山礦、得印書石板甚夥、將以供各書院搨刷書籍之用、按印書之用石板、如作文之有急就章、利便誠莫過於是、回思範鉛活字、行用曾幾何時、而新法又日出而不窮、噫、是可以觀世變矣、

意大利國

光墨印書

近悉意大利國得一印書新法所印之書夜間發光凡閱是書者不必焚膏甚便于寒士斯法遠勝於囊螢映雪隨月之法也茲擬晚上新報用發光墨刷印按此法非出於意而先行於意矣

印書新製 ◯鏡中借影、石上成形、書畫至此、極能事矣、不意變本加厲、更有愈出愈奇者、意大利國某學士、近以螢熖和墨、創爲印字之法、暗室中不張燈火、可以開編循繹、一望了然、日間視之、反不甚明晰、至晚則放大光明、纖毫畢現、其書且能歷久不敝、亦儒林之妙品也、夫暗中摸索、方愁眼界之迷、而紙上輝煌、頓使心頭之朗、從此車生夜讀、無藉偷光、白傅宵居、不愁眯黑矣、

創設書局

津門爲畿輔要郡商賈輻輳貨物駢集而書肆甚屬寥寥不獨珍笈秘函難云美備即尋常經典半患闕如謬種流傳祇有兎園冊籍有志淹雅者無從購讀借抄弇陋之由未始非此士林病諸近聞當道諸君議定于鼓樓南問津書院創立官書局由南省購運諸書平價發售藉以津逮後學漱六藝之芳潤擷百家之菁華行爲彼都人士欣幸深之矣

論西法印書

嘗讀西史知歐洲行印書之法在中國後甚遠創製者名瞿登培闉德人其始行於痰納城其繼行於斯德辣步城又其繼日爾曼各方爭相仿效不脛而馳羅瑪初用其法在西歷一千四百六十七年巴黎斯在一千四百七十年英國又後三年俄國在一千五百五十三年自是愈傳愈廣天下皆是考最先用者亦不出明朝之上屈指及今不過四百餘年前此無書板恒用寫本當是時西域道學之士往往終年抄錄勞倦不辭一卷之值數十餘金非搢紳豪富之家力不能購何自藏儲按瞿之法鑄鉛爲短條約半寸許薄且窄一端刻一字依文稿字序併合成板四周圍銅片緊束之置諸機上塗以墨以紙覆之車壓其上揭其紙已印文字朗若列眉計摭字之速一人日排四千言較握管疾書正相頡頏今西國大書坊大報館日出數萬言易如反手加以器機盡捷一下鐘印千數百紙製巧工美令人詫異此西法之大畧華人多親見者也中國刻書由來尤久五代會要言後唐長興三年即西歷九百三十二年命太子賓客馬縞等充詳勘九經官於諸選人中召能書者寫付匠雕刻每日五紙漢隱帝乾祐中即西歷九百四十八九年周禮儀禮公羊穀梁四經業已鏤板後周廣順三年即西歷九百五十三年尚書左丞田敏進印板九經據是則華人刻板在西人前五百餘年惟西人初創遽用活板而中國則始用鐫板後用活板活板起於宋大約在西歷千一百年活板之字宋人用泥明人用木　國初又用銅鉛邇肯西法祇印機爲西人獨倡中國未有用者竊思木板與活板均有利弊木板恒存隨時可印此木板之利也然鏤鐫甚緩一人日刻百餘字既成疊積大堆盈室充棟工價之鉅動輒數百金寒儒著作雖佳每以付匠無貲慮擲半生心血此木板之弊也活板既印即撤別排書籍故一印總千百部費稍煩繁費財亦夥幸而購買者多獲利固是倍蓰不幸而顧問無人本利俱無所出此活板之弊也然排字奇速匠人衆則日成數卷且經費廉而書價減貧民寒士均得家置數編用增識見此活板之利也綜已上利弊以觀西法之便猶十倍於木板想不百年之後各省通傳而故板將束之高閣矣

新刊書籍

去歲一歲中英國倫敦一埠刋成之各種書籍合共四千四百十四部內中間有舊書重印者可爲多矣然傳聞美國德國刋成之書尤多特未見淸單尚不知厥數

印書舘四詠○排字　李昇活板細編排字字金針度有楷崖岸殊多通脫少半憐拘執半沉埋○
鎔印　觸鐵桃逞墨紋勻旋轉飛花若有神果是文章生杼軸祇須毒力出陳陳○過紙　信手工夫等索
鉤峰搿嶺遊硠輪高揮疑瀑布中流瀉食吻鷗張勢甚緊○還字　花返枝頭雨上天蜂房密認捉蠶眠潮
疑入叢藂蘖了曾辨之乎與者焉

聖教書會新出及重印書籍

光緒十八年畫圖主日單○連史紙大張每千張價洋三元　眞道解○此書爲倪維思先生所著崇眞去僞詳細無遺讀之令人向道之心油然而生共三十一頁連史紙印每百本價四元毛邊紙印每百本三元二角　爲甚麽必要一位救主○此是單張爲內地會祝先生著以之分送與人願人得救死後升天是爲最妙毛邊紙印每百張洋兩角　罪惡繹言○是書爲宓得福先生著其講論人罪惡之根原與如何脫離罪惡井井有條共念六頁連史紙印每百本洋三元　雅各事略○爲黃品三先生所著以撒事略約拿事畧○爲吳子詳先生所著此三書每本有五彩畫圖七幅人人喜愛共八頁外國紙印每百本價四元　戒煙眞法○爲梅賜恩先生所著此書與麥嘉締先生所著之勸解鴉片論合參可得眞正戒烟要訣共五頁連史紙印每百本洋八角勸戒鴉片論共九頁毛邊紙印每百本價洋四角　舊約蹟畧○乃范約翰先生著有精細畫圖七十四幅可贈送友人及學堂中用共三十六頁連史紙印色紙包面絲線裝訂梅花格每本價一角五分　聖經圖誌○亦范約翰先生所著有精細畫圖二百一十九圖信道之家案頭宜各置一編以便隨時觀玩亦可贈送友人共八十六頁用西國包紙包面絲線裝訂連史紙印每本洋三角　重印九單張即求福、捕鳥、燈塔、靠天吃飯、撒種之譬、綿壽圖、蕩子歸家、兄弟相愛、烟酒並戒、每張有圖、傳道分送可使聽者携回常觀不忘外國紙印每百張價一角五分　張遠兩友相論○此書消揚最廣共念三頁毛邊紙印每百本價洋兩元　耶穌聖教析義○現換連史紙印共三十一頁每百本價三元八角　闢虛篇○闢除風俗之虛假最爲切要共六頁毛邊紙印每百本洋五角眞理易知〇現换連史紙印共十八頁每百本價兩元二角五分　喻道傳〇式樣加大共念八頁毛邊紙印每百本價兩元五角　闔娜傳〇此書年輕者俱喜讀之共四十二頁毛邊紙印每百本價洋四元

得救要法〇現改連史紙印共念七頁有圖每百本價三元　耶穌教官話問答〇是書消路甚廣共念一頁毛邊紙印每百本價洋兩元

著書獲利　〇法人名倚哥者前著各種書籍人爭購取近倚哥旣死而書尤風行計近年每歲書價售三十萬洋元又英國有女士華爾德者近亦著一說部書英人喜之美人購販爭先快覩自刊售至今已得洋十二萬元不覆攜甑而置文房洵利源獨擅矣

印書新機

英近日新成一印書機器較之舊機器須用十五人者今祇須二人而已此機器體圓一面以極長之紙捲于軸上拖于機器使自排印每機器一轉可印三十二頁每一點鐘可轉萬徧印就折裱裁訂俱用機器代之

電氣排字

新聞報館、以及印書館、其排字之法、向用人手撮合而成、後則易以機器、其法如外國彈琴式、排定字母、應用某字某字、但用手指捺之、機動卽可印成、以一人可兼數人之力、豈止事半功倍哉、今則更有妙法、用電氣排字、裝成電線、或縱或橫、無論幾條、電氣一發、一氣排成數十張不難矣、此在大新聞報館用之居多、取其速而易也、

美國印書日盛

譯大阪朝日報 西十月廿五日

美國印書事業。與近時文明之運並興。可謂蒸蒸日上矣。自千八百八十年至九十年。北部諸州書房。及印書局數。曩時惟有三千四百六十七所。今增多至一萬二千三百六十二所。每年收支銀幣。約二億七千五百萬圓。又在千八百八十年。新報及書籍印行。爲二十億六千八百萬。而至千八百九十年。則爲四十六億八千萬。距今前四十年。美國日刊新報。惟二百五十四種耳。然至千八百九十年。增多爲千七百三十種。其興盛可覩矣。

嚴禁翻刻新著書籍告示

欽命二品頂戴江南分巡蘇松太兵備道兼辦機器製造局劉爲出示諭禁事本年十二月十八日接美總領事佑來函據本國林教士稟中東戰紀本末暨文學興國策計訂十本倩圖書集成局刊印行世曾登告白無論何人不得翻印如違稟究茲尙有中東戰紀本末續編兩本（應請改作四卷）一併行世近聞有書賈翻刻冀圖漁利請飭查示禁等由到道除函復並分行外合行出示諭禁爲此示仰書賈坊鋪人等一體知悉爾等須知教士所著前項書籍煞費經營始能成編行世既曾登明告白不准翻印爾等何得取巧翻板希圖漁利自示之後切勿再將前書翻印出售致干究罰切切特示

光緒二十二年十二月二十四日示

附啟者去年春倣廣學會林樂知先生與蔡紫紱先生譯著中東戰紀本末八卷刊印問世不徒海內風行且更流傳域外今第二次重印每部取價洋銀壹圓伍角林先生又與任申甫先生繙譯文學興國策二卷每部二角林蔡兩先生更譯著中東戰紀本末續編四卷尤多外間未見之秘要佐以新論輔以西報實皆煞費苦心今正鑄鉛校印約於二月間裝釘問世取價不逾陸柒角幷擬合以上三書裝成一套取價洋銀貳圓乃聞坊間不肖書賈竟有思覆刻以弋利者西例凡翻人著作掠賣得貲者視同盜賊之竊奪財產是以有犯必懲中華書籍亦有翻刻必究成案因面稟美國佑總領事函請劉道憲出示諭禁幷行上海縣暨英法兩公廨一體申禁渥承道憲扶翼名教振興士氣之盛心即日照案出示除已蒙實帖通衢幷由美署送登日報外合即敬錄於右以告坊間

萬國公報館附志

新著中東戰紀本末續編定期出售啓附售第二次重印中東戰紀本末初編暨文學興國策　廣學會告白

啓者　中東戰紀本末八卷久邀達官貴人鉅紳名士之鑒賞優劣自有定論本會無俟贅陳今承會董林樂知先生重與蔡芝紱先生譯著續編四卷都二十四萬言逾於前書之半其刊入第二三卷之東征電報八萬言實爲萬金難覓之祕本百思不到之眞詮其第一卷所錄奏疏條約合同之屬尤爲善後確書知今要籍第四卷譯著各西報新論亦皆言言金玉字字珠璣當由本會託圖書集成局用新鑄鉛字佐以圈點校印成書共爲四册準二月底釘齊出售卽論紙墨之精工亦覺愛不忍釋本會爲益助華友新知起見每部僅定洋銀七角似已廉之又廉○去年所印之初編三千部業已售罄今更重印問世每部仍取價洋銀一圓五角○文學興國策一書可補治安新策之缺初印二千部亦已售罄今一幷重印定價仍洋銀二角○更取以上三書合爲一套取價洋銀貳圓○中東戰紀本末初編及文學興國策等書上海英租界北京路美華書館暨三馬路申報館申昌書畫室格致書室均可隨時購取二月底續編釘就三月中全套書裝就卽在以上各處出售外埠各書坊各教堂友人處亦將陸續託銷如蒙惠購價可折減請卽賜顧爲盼

繙譯泰西有用書籍議

福州高鳳謙來稿

有聲音而後有言語有言語而後有文字然五方之聲音長短高下清濁疾徐旣萬有不齊言語文字卽因以俱異有王者起患天下之不一以同文爲先於是讀書之士挾方寸之簡上下千年縱橫萬里無所不可通夫而後中國之文字滙於一其環中國而處者如日本朝鮮各邦雖用中國之文字猶不能無所異同況泰西遠絕數萬里千歲未通者耶互市以來天下競尚西學競習西文然而音義詭異則學之難也教授乏人則師之難也由官設學則周遍之難也由民自學則經費之難也文義深遠則成功之難也國不一國則兼通之難也惟以譯書濟之則任其難者不過數十人而受其益者將千萬人而未已泰西有用之書至蕃至備大約不出格致政事兩途格致之學近人猶知講求製造局所譯多半此類而政事之書則鮮有留心譯者亦少蓋中國之人震於格致之難共推爲泰西絕學而政事之書則以爲吾中國所固有無待於外求者不知中國之患患在政事之不立而泰西所以治平者固不專在格致也況格致之學各有附隸非製造之人不能學卽學之亦無所用且需儀器以資考驗非徒據紙上之空談若夫政事之書剖析事理議論時政苟通漢文者無不能學果能悉力考求各國政事之失得兵力之强弱邦交之合離俗尚之同異何國當親何國當疏何事足以法何事足以戒無不了了於胸中遇有交

涉之事辨理較有把握即欲興一新法亦不至事事仰鼻息於人或反爲所愚弄此繙譯政事之書所以較格致爲尤切也譯書之要有二一曰辨名物泰西之於中國亘古不相往來即一器一物之微亦各自爲風氣有泰西所有中國所無者有中國所有泰西所無者有中西俱有而爲用各異者至名號則絕無相通譯者不能知其詳以意爲之名往往同此一物二書異名且其物爲中國所本有者亦不能舉中國之名以實之更有好更新名强附文義以爲博通令人耳目炫亂不知所從宜將泰西所有之物如六十四原質之類及一切日用常物一一考據其爲中國所有者以中名名之中國所無者則遍考已譯之書擇其通用者用之其並未見於譯書者則酌度其物之原質與其功用而別爲一名凡泰西所用之物用中字西字詳細臚列刊爲一書頒布通行後之譯者以此爲準不得更改其他權衡度量國各不同亦宜定爲一表如英磅合中權若干法邁合中尺若干詳爲條舉以附前書之後（中西權衡度量表一書金陵亦有刻本但考據未盡精詳耳）一曰諧聲音名物制度有義可尋雖有異同猶可稽考地名人名有音無義尤爲混雜西人語言佶屈聱牙急讀爲一音緩讀爲二三音且齊人譯之爲齊音楚人譯之爲楚音故同一名也百人譯之而百異即一人譯之而前後或互異瀛寰志畧中所載國名之歧多至不可紀極宜將羅馬字母編爲一書自一字至十數字按字排列注以中音外國用英語爲主以前此譯書多用英文也

中國以京語爲主以天下所通行也自茲以後無論以中譯西以西譯中皆視此爲本節一二音不盡符合不得擅改以歸畫一此書若成可與名物之書相輔而行譯者讀者俱有所據若將此二書呈之譯署請 旨頒行飭令各省譯局及私家撰述一體遵照尤爲利便此二者譯書之根本也若譯書之人必兼通中西文而後可其有專精西文者可以文士輔之傳曰言之無文行而不遠必使所譯之書質而不流於俗博而不傷於誕文義可觀又無失原書之意庶亦牖人心開風氣之一助也夫

右文一篇丙申春季代友人應格致書院之作也名物聲音二條自謂頗得譯書要領惟瑣屑繁雜非一二人之力所能卒辦爲今計者先將時務報每册所譯地名人名物名各字用中文西文並列爲表坿刊册末其前册已見之字譯法仍舊不得歧異歲終將已譯各字删其重複而整齊之全錄報後略如泰西新史攬要之例如是時務報所譯均歸一律日積月累諸字大備略加編輯便可成書矣長樂高鳳謙夢旦父附記

書籍大行

前人

現在上海各處、多有書局中人、希圖漁利、私將廣學會中近所新譯有用之書籍、如泰西新史攬要、中東戰紀本末、以及五洲圖考等等、大半縮成小本、以期賤價廣售、案此事於早數月前、已經駐滬英美總領事、會據該會中人禀請、旋卽照會上海道憲、出示嚴禁在案、詎竟有其人、仍敢私行翻印、實屬藐玩已極、由來幾日、迭經新衙門訪查之下、聞已拘獲多人、訊明無異、乃擇其尤者、判令罰洋一百元以示儆、此舉一行、將來市廛漁利之風、或者可以稍息、雖然是亦足證華人之喜讀該書、幾有家絃而戶誦之勢、

著書專利譯日本郵報

官書局報

西例。凡人著書。國家給以照會。准其自印出售。翻刊者禁之。然不能禁外國人翻印。故書有不行於本國。而他國盛行者。英美二國。以此事殊失公允。擬立一法。凡翻印者。須向著書人言明酬銀若干。本人允准。然後刊印出售。亦一公道辦法也。

大同譯書局敘例

新會梁啟超撰

譯書眞今日之急圖哉。天下識時之士。日日論變法。然欲變士。而學堂功課之書。靡得而讀焉。欲變農。而農政之書。靡得而讀焉。欲變工。而工藝之書。靡得而讀焉。欲變商。而商務之書。靡得而讀焉。欲變官。而官制之書。靡得而讀焉。欲變兵。而兵謀之書。靡得而讀焉。欲變總綱。而憲法之書。靡得而讀焉。欲變分目。而章程之書。靡得而讀焉。今夫瞽者雖不忘視。跛者雖不忘履。其去視履固已遠矣。雖欲變之。孰從而變之。無已。則舉一國之才智而學西文。讀西籍。則其事又迂遠。恐有所不能待。即學矣。未讀。

一中國人所著。或編輯之書。有與政教藝學相關。切實有用者。皆隨時印布。

一海內名宿。有自譯自著自輯之書。願託本局代印者。皆可承印。或以金錢奉酬。或印成後。以書奉酬。皆可隨時商訂。同志之士。想不吝見教。

一本局所印各書。行款裝潢。悉同一式。散之則爲單行本。合之則爲叢書。收藏之家。致爲便益。

一本局係集股所立。不募捐款。印出各書。譯費印費。所糜甚鉅。已在上海道署存案。翻印射利者究治。

必其卽可用。而其勢又不能舉一國之才智而盡出於此一途也。故及今不速譯書，則所謂變法者，盡成空言。而國家將不能收一法之效。雖然，官譯之書，若京師同文館、天津水師學堂、上海製造局，始事迄今垂三十年，而譯成之書，不過百種，近且悉輟業矣。然則以此事望之官局，再自今以往越三十年，得書可二百種，一切所謂學書、農書、工書、商書、兵書、憲法書、章程書者，猶是萬不備一，而大事之去固已久矣。是用憤懣，聯合同志，創爲此局，以東文爲主，而輔以西文，以政學爲先，而次以藝學。至舊譯希見之本，邦人新著之書，其有精言，悉在采納。或編爲叢刻，以便購讀；或分卷單行，以廣流傳。將以洗空言之誚，增實學之用，助有司之不逮，救然眉之急難，其或憂天下者之所樂聞也。

一 本局首譯各國變法之事，及將變未變之際一切情形之書，以備今日取法。譯學堂各種功課書，以便誦讀。譯憲法書，以明立國之本。譯章程書，以資辦事之用。譯商務書，以興中國商學，挽回利權。大約所譯先此數類，自餘各門，隨時間譯一二種。部繁多，無事枚舉。其農書則有農學會專譯，醫書則有醫學會專譯，兵書則各省官局尙時有續譯者，故暫緩焉。

一 舊譯之書，或有成而未刻，刻而已佚者，隨時搜取印布，或編爲叢書，以便新學購讀。

一中國人所著或編輯之書。有與政教藝學相關。切實有用者。皆隨時印布。

一海內名宿。有自譯自著自輯之書。願託本局代印者。皆可承印。或以金錢奉酬。或印成後。以書奉酬。皆可隨時商訂。同志之士。想不吝見教。

一本局所印各書。行款裝潢。悉同一式。散之則爲單行本。合之則爲叢書。收藏之家。致爲便益。

一本局係集股所立。不募捐款。印出各書。譯費印費。所糜甚鉅。已在上海道署存案。翻印射利者究治。

譯書局末議

順德劉楨麟撰

光緒二十四年五月初十日總理衙門奏議覆楊御史深秀李御史盛鐸請開館譯書一摺略謂該御史等所稱籌欵開館繙譯洋書以開民智而造人才自係當務之急亟應及時舉辦以開風氣之先且令京外各學堂有所肄習查有廣東舉人梁啟超究心西學在上海集貲設立譯書局先譯東文規模已具而經費未充殊非經久之道上海為華洋總滙所購外洋書籍甚為利便刷刊工本亦較相宜該舉人經理譯書事務可收事半功倍之效臣等公同酌議每月擬撥給該局譯書經費銀二千兩即將該局改為譯書官局官督商辦倘經費仍有不敷准由該局招集股分以收其成等語奉　旨依議欽此是月總理衙門奏議大學堂章程附片奏稱大學堂設立編譯局似宜與上海之譯書官局歸一手辦理始能措置得宜上海為華洋要衝一切購買書籍延聘譯人等事皆較便易既經臣等查有廣東舉人梁啟超堪勝此任奏准在案今京局似可與上海聯為一氣仍責成該舉人辦理隨時自行來往京滬主持其事至京局用欵視上海總局較省應請每月撥款一千兩由戶部在籌撥大學堂常年經費項下一併籌措等語十五日奉　上諭舉人梁啟超着賞給六品銜辦理譯書局事務欽此　綸音一下郵報飛傳綴學之士懷鉛握槧想望歡忭今而後故步之可以

不封也、新知之可以日闢也、雖然、一勺之泉、不足以濟千夫之渴、盈簣之土、豈能遽成萬仞之山、方今秕制初除、新學伊始、煌煌　詔令、盡改天下書院學塾淫祠、爲中西學堂、新學之館、將以千百計、新學之士、亦將以千萬計、而中文圖籍、浩如烟海、旣未有纂緝之編、旁行之書、譯述無多、復不免塵土之誚、區區京滬兩局、急切興辦、撥款不過數萬、責望專在一人、而欲以應朝廷變政之需、給天下新學之求、寧不難哉、是故學堂大開、教科之書、亟須先定、而中國經史、卷帙繁重、編纂删訂、動費時月、其難一、西國學堂、皆有功課書、須擇善本、次第纂譯、中書西籍、同時並起、分局劃辦、勢難兼顧、其難二、變政始基、制度章程、皆須取法、凡此西書、萬難緩置、而教科讀本、阻擱在前、輕重雖均、猝難俱辦、其難三、西書文法顚倒、音義詰屈、而其政法之書、固極浩博、專門之業、又甚精微、故譯之者、或數月而成一書、或經年而脫一稿、工費已多、得仍無幾、觀於同文館製造局船政廠、二十餘年、所譯不及三百種、前事可徵、其難四、繙譯之才、必中西兼通、乃克舉任、而倉猝開局、譯館未設、通學之士、旣未肯俯就、中下之才、復不及裁成、强求近效、必多拮据、其難五、歐美各國、歲出新書、不下數萬、大都名庫庋藏圖籍、動稱百萬、吾以兩局之力、加之同文製造之助、極其捷速、年出不及數十種、望洋無涯、何時畢業、且彼中智學、月異日新、往往吾書未成、彼已頓更面目、竭蹶追赴、反虞却後、其難六有此數難而又迫之以歲月限之以經費需待甚殷日暮途遠吾恐異日必將有以功效迂遠爲責備者亦必有以無咎無譽爲口實者既無以慰開新者之心復無以塞守舊者之口豈不令舉事者之難爲哉從來中國行政大都見一事舉一事若有界以限之不敢踰越而一二大臣又不能仰體　上意推廣新法從未肯原始要終割愛整頓以辦一事者是以每舉無效徒令彼得此失振興無日如近日築鐵路開礦諸事皆已然者矣今當鋭意維新之際豈可復蹈前轍之失哉竊謂中國今日百事不知所變則已既知所變則當全局俱變不知其善則已既知其善則當盡其善量然後可收維新之效即如譯書一端固當以全局俱變而盡其善量者也何也吾中國十八行省其有官書局者甚夥原其設局之意亦無非爲流布實學嘉惠士林起見初無中西之別今既以譯書爲急務何不飭令各省盡改爲編譯分局就其原有經費或量爲擴充於刷印中書之外延聘譯人兼譯洋書以上海爲總局即以各省爲分局不必另籌款項不必別創局所措辦之速計無有妙於此者然仍恐其不盡一也凡一切名物音讀度量權衡中與西互異各省與各省互異舊譯與新譯又互異譯書之例梁君卓如已論之綦詳茲不贅是必由總局斟酌損益編定譯例一書頒之各省悉令遵守然後購求東西各國大書樓現有書目由總局全數譯出延中西通儒甄別抉擇分類去取擇其切

要可用者、開列表目、呈總理衙門、轉咨出使大臣、全數購置、同華文總局酌分類目、核定部數、分給各局認領、以書之難易、本之多寡、定爲程式、限以時日、同時並起、譯成即繳、隨出隨刊、總計所有應譯之書、若干年可以竣業、即照修會典修四庫之例、書成由總理衙門將出力人員彙案奏奬、惟各國新書歲出不窮、譯無盡期、豈有竣業之日、則宜定爲分批之例、第一批若干年書成奏奬一次、第二批若干年書成奏奬一次、按次遞推、悉如前例、然東西書籍門類良多、有學校之書、有政律之書、有格致性理之書、有農工商礦兵之書、又必分其輕重、定爲先後、按序纂譯、不得淩亂、庶幾新學有所指歸、新政有所取法、嘗綜計其利、蓋有五、各局分譯、按日程功、書可速成、不費時日、利一也、體例從一、名目清晰、觀聽不淆、便於學者、利二也、分類認領、不至重複、專門譯才、擇聘亦易、利三也、書既切要、譯尤快速、人爭探購、歲入必多、可益推廣、利四也、出力人員、既獲薪資、又邀保奬、人爭鼓勵、從事西學、譯才自多、可以持久、利五也、抑吾更有數說、東西各國、最重圖學、凡學問之林、遊歷之會、軍師之中、交涉之際、藝器之場、無不有圖、即無不有學、故薈萃精微、蔚爲大國、吾中國斯學久廢、實於政學兩途、損失最鉅、而世之談譯學者、又每未遑計及、今宜羅致各國地輿、藝器之圖、擇其最新者、令各局分領譯繪、與書同出、庶幾流布官府、餉饋士林、裨益非淺、此一說也、中國聰敏之士苦心孤詣於中西文字學問精貫洞澈者多有其人而或已入仕途或別牽他務不能招致入局強爲舌人凡有此才每脫一稿皆須將其原書及譯本函與商畧訂其訛誤然後刊布其或願赴局領書歸而自譯或私家譯本願呈局刻者皆一例收採厚酬償値惟仍須遵照所定譯例毋令岐出乃可流通如此則成書愈精出書愈盛此又一說也繙譯之才專恃延聘取給有限不足供各局之用而垂永久之規是宜自總局至各分局皆立漢文洋文總繙譯於局中附設學堂卽以之爲教習取中學有成而未習西文及西文已通而未深中學之士年在弱冠以下而姿禀聰穎者入堂肄業以譯書爲功課各就所長互補其短一二年可以卒業學成卽令譯書以爲報効三年始准出局仍酌給薪脯例邀保獎舊班旣出新班補入源源不絕譯出之書與譯生之功課遞相增長而譯才不可勝用出書亦無有窮期矣馬眉叔適可齋記言論議設繙譯書院甚詳卽此意也此又一說也中國分駐各國使臣皆有參贊隨員及出洋學生毋慮百數十人其中能兼通中西文者不少旣至該國則採擇書籍見聞較確或隨時赴大書樓究心瀏覽或交結其學士通儒講求新學就近繙譯其事尤易況使臣回國例當箸書進呈何不轉令其多譯新書隨時寄華定爲永例每使差一任必有成書若干種卽以譯書之多少美惡爲參隨之課最分別保獎至於日本譯西書最備其士夫類多深於漢文使館

之中、除自譯外、可就近訪求其學問精通者、使譯日本書、分別目類卷帙、訂明譯費、繳書償值、不必來華就局、其事甚順、其費較省、惟擬譯之本、必先知照總局、互相避就、不令駢拇、其體例亦須畫一、然後綱舉目張、內外交資、如此則用費不多、而成書必速、事半功倍、更足以補譯局之不逮、此又一說也、或謂泰西諸學、精微繁博、非深入其中、不易窺其奧妙、若專恃舌人輾轉傳述、進學之途、斯爲已下、故今日講求西學、所切要者、在令士人多習西文、以讀其書而通其學耳、其有未及從事者、則既有舊設之譯館、更新增以一二局、隨時刊布、即爲不少、何必斷斷以全局舉之哉、不知治天下必以政學爲先、而政學必有本原、使天下士人人皆通西學、以爲治本、夫豈不知、然今之時何時也、必欲待人人皆通西學而後變法、吾中國已不知何若、然則急則治標之意、不能不有待於譯書也明矣、且既曰變法、則政學兩大端、將仍其舊而行之歟、抑別有所取法歟、其不能不有待於譯書也、又明矣、夫譯書之利、梁馬諸君已論之於前、畧無遺義、吾亦無取贅疣、惟既知其利而舉之、則必推求所以得其利者、無令或遺、然後能盡譯書之全量、而不爲守舊者所藉口、夫以上諸說、所謂盡譯書之全量者也、遵此行之、竊以爲一二年後、羣書大集、風氣大開、新學大興、新政大備、維新之速、將有不期然而然者、吾又安得不爲全局俱變之說也、嗟乎、吾果安得見全局俱變之事哉、

著書專利（五月官書局彙報）

據英國書院云，按歐洲定例，凡著作新奇書籍，盡應刊刻行世，惟須稟明該管官爲之註册存案，不准他人翻刻，故所出書籍多寡，官府得以按册稽核。查去歲歐洲書籍，美國原有二千六百五十種，新增一百二十種，英國有五千一百二十九種，新增一百六十種，重印者一千五百五十種，法國有一萬三千一百二十三種，新增二百四十七種，丹國有三百五十種，新增四十種，奧國有五百十二種，比國有二百八十六種。

翻刻書籍有禁

西七月十四號倫頓太晤士報云、上議院特派値事一班、專查不准翻刻書籍之事、兹又查得新報紙會之書辦人供稱、朝廷新定報章存案不准於二十四點鐘內翻刻別家所探知之外事一節、未爲妥貼、現在報紙一行、均不喜依此例而行、

保護著書專利定章

凡著書之人竭半生精力灑一腔心血展先覺之知能備後學之則效其功大矣一旦爲人竊取翻印盜利可憎孰甚是以泰西列國皆有保護作家禁止翻印之例大抵新書出板呈請官署註册核定專利年期期滿准人翻印各國相沿已久近因著書日多書價日賤作者之獲利漸不如前因相率禀其政府准予專利終身或竟准作傳家世業茲將各國著書專利成例詳列如下　俄國准專利終身至作者死後之二十五年作爲限滿准人翻印如臨死五年前曾經重印者准再加十年　日斯巴尼亞國德意志國均准專利終身至死後五十年爲限滿　法蘭西國奧斯馬加國薩諦泥崖邦塔泗加泥崖邦（昔義大利小邦）並羅馬教皇所轄境內均准專利終身至死後三十年爲限滿　和蘭國比利時國均准專利終身至死後二十年爲限滿　英國准專利終身至死後二十八年爲限滿如生前曾經重印者准再加十四年　美利堅國初仿英國之例現聞著書人欲請爲他國之倡不特專利終身卽至死後亦仍永爲家產惟議院尚未核准　墨西哥國准專利終身死後永作家產此爲他國所無之例　大致著書人與印書人（所謂印書人者蓋向著書人買稿或著書人願贈者）咸願仿照墨西哥成例作爲永遠世產但以大衆而論書經永遠專利價無稍減之時無力者不能盡讀殊妨文化進境故美國著書人雖有此請聞已有條陳於議院者指爲一人貪利萬衆受害殊乖餉遺後學之盛心仍宜定以限期斯作者讀者胥獲其益也

聖經廣布〇十九周內由英京倫敦發出聖經之總數共有一百六十五兆部可謂盛極矣查此一百六十五兆部之紙當重有三萬另七百墩倘欲一時運出則裝載之火車可聯至十五里之長應用一百五十乘機車以動之又如取此項聖經每頁散開平鋪地面則全球一千五百兆人卽令加倍其數均可立足於上又如合爲一册則高二百零二尺闊一百四十尺厚四十一尺計每頁之重有六十墩需用一千二百人力或四十匹馬力方能繙閱一紙又如疊爲柱形則有三萬尺高卽地球最高之山無以逾此矣

日本編定中小學校教科書沿革

一明治二年六月始定學校規則置大學校以舊立之開成醫學兩校隸之三年二月於大學校定大中小各學規則是爲中學校及小學校之起源

一四年七月置文部省總判教育事務當管大中小各學校九月於文部省內置編輯寮五年九月廢之更置編書課編纂中學小學之教科書

一五年八月以布告第二百十四號頒告學制定教則

一六年四月以文部省達第五十八號頒示小學校用教科書之書目使一律遵用此項圖書有文部省出版者有東京師範學校出版者亦有民間出版者當時合計一百四十七種既又令各地方長官得翻刻文部省及東京師範學校出版之圖書充各處學校用

一十二年九月以布告第四十號廢學制定教育令小學校授兒童以普通教育中學校授高等普通學科學科大改革

一十三年八月文部省委員查看各府縣所用教科書有不適當者乃通牒各府縣開示其書目使勿用近年文部省猶時時委員調查公示不可用之書目

一十六年七月文部省達第十四號令凡小學中學教科書不得由府縣採用其採用教科書或更換之均歸文部省主之

一十九年文部省公示編纂教科書之意旨廣求學者之著作有良善者出金購之或褒賞之既購其書更加訂正然後刊行蓋文部省以善良之圖書難得故立此法

一十九年四月以敕令第十四號制定小學校令分小學校爲高等尋常二等其學科與程度由文部大臣定之其教科用圖書必由文部大臣檢定

一十九年四月以敕令第十五號制定中學校令中學校之宗旨欲就實業者及入高等學校者之預備教育分高等尋常二等其學科與程度由文部大臣定之其教科書亦由文部大臣檢定

一十九年五月以文部省令第七號定教科用圖書檢定條例凡人有著可充中學校或小學校之用之書者可呈文部省由文部省檢定後認爲適用則給以免許狀乃得刊印以五年爲限

一二十年以文部省訓令第三號定公私立小學校教科用圖書採定法於地方長

官設審查委員審議而採擇之

一二十年五月以文部省令第二號廢教科用圖書檢定條例定教科用圖書檢定規則檢定者但證明其圖書於教科上無流弊不問其於教科上之優劣故不給免許狀其刊印之權殆無限

一二十三年以勅令第二百十五號改定小學校令小學校之宗旨在留意于兒童身體之發達授以道德教育與國民教育之基礎及其生活必須之普通智識技能分爲尋常小學校高等小學校二者其教科用圖書就文部大臣檢定者交小學校圖書審查委員審查之再得府縣知事許可然後用之二十四年以省令第十一號定小學校教則

一二十三年文部省廢從來出版事務其新則皆交私設會社代印於是編纂事中輟

一二十七年文部省就沖繩縣尋常小學讀本編北海道尋常小學讀本招人承印視其承攬定價之高低而許之

一二十八年四月以文部省令第二號令凡未檢定之中學校圖書而中學校必須

採用者地方長官禀由文部大臣許可得隨時採用
三十二年二月以勅令第二十八號改正中學校令中學校以教男子必須之高等普通教育爲主其教科書就取文部大臣檢定經地方長官認可者由學校長定之又未經文部大臣檢定而教育上必須採用者地方長官禀由文部大臣允許得暫時通用
三十三年八月以勅令第三百四十四號改小學校令但其主義及採用教科書之法與前者略同不贅述

女報出版

中國之有女學報自衡山陳擷芬女士始女士於光緒二十五年辦女報嗣以費絀中止女士精通漢文博習西學握管作論說見者驚爲通人達士不知其出自靑閨妙翰焉女士肄業於上海中西女塾既攻苦各種學問尤慨然有哀時覺世之志今歲續辦女報月刊一册已於四月初一日出版首圖畫次論說次白話演說次女學新聞次譯各國女學諸書體例精善詞筆顯豁較前出女報尤有特色誠家置一編以之勸導家庭兼可作女子教科書有益於女子學界畧厥功偉矣女士誠女中之豪傑而爲中國二萬萬女子造福者哉女士爲湖南陳叔疇孝廉之女公子女報在上海蘇報館發行

摘錄女報簡明章程　一每月一册每册售大洋壹角每月初一日發行　一辦報經費均由同志佽助　一佽助者在報中登列芳名並按捐數之多寡酬送報册

印書速率

美國烏約近有承辦印書二千本者每本三百五十頁裝訂布面限三日出書竟於兩日半成書三日內售盡矣又法國名人著書一本甫脫稿由郵政局寄美國有兩人欲買此稿尚未議妥忽次日馬路已賣有此書者二人往查其故據印書者云在巴黎脫稿時有人托人借觀半晌令多人疾抄一點鐘時即已抄完於是交輪船寄來美國已有人電囑預請英文繙譯多人至美國即將稿底分譯英文一面照排至下午三點鐘已排齊連夜趕印於次早已成書而出售矣計繙譯印工排字裝訂不過二十四點鐘云

漢口聖教書局印書紀數

漢口聖教書局、於一千九百有二年、所印書本單張之數、共一百零五萬一千四百、潤筆助振○羅曼尼亞之王后能作詩及論頗負時譽故英國德國美國皆有印書房備善價購得其所著而刊印之但后爲此事並非好利因人喜讀其書而即所取之潤筆爲振濟本國貧戶之用故國中人見其迭施巨欵問從何處得來後始攷知其實如此云

新教育界　日本因教科書受賄事件、將師範學校中學校高等女學校各校長並教諭等、皆拘至裁判所審訊、今文部省議、擬一變任命方針、陶汰老朽、選擇少壯、將彌蔓於教育界腐敗分子、一掃而空之、凡次等教授、名節清廉、與此事無關係者、或從而選拔、仍歸各學校用、前此被拘人員、既蒙汚名、又無達識、非但不用、勢不至免官、不足懲效尤云、以上譯東文報潤筆倍增○英人有名道以禮者其小說爲英美人所樂觀故各月報館時載其著作近有人請其撰小說十二種每一萬字酬以美金九千圓云○按泰西近日尋常之潤筆費每千字美金二百五十圓所以價値之貴如此者因有版權在內故也

美國圖書出版數之增加

去年美國新刊之書。約七千八百三十二部。較之前一年減少三百〇八部。是蓋因郵便規則之厲行。又減廉價小說之出版故也。而小說以外各書却爲之增加矣。此種新刊書內五千二百十部。概係美人著述。蓋美人著書之數。比前年已增加五百〇九部矣。曩美國書籍。惟由外國輸入。而絕無輸出。近則輸出漸盛。故英國輸入美之書籍。每年亦有增加之勢。然美人所著之小說。於實際上概不能優於英人之著作。支那非所稱開化最早之古國乎。其新著之書年有若干種。雖尙無從深知乎。然以擬之最後發現之美洲。恐不啻梯米之於太倉一毛之於九牛也。此亦可爲支那人之深耻者矣。

監印書籍 江寧編譯官書局、係江鄂兩督奏請開辦、其經費亦由兩省合籌、即派江寧藩司總理、另委商務局劉觀察丗珩總辦、局中編譯文案收支等員、不下數十人、雖開辦已及兩年、而所出書籍、尙未完備、玆因京師大學堂翰林院各省學堂、需用書籍、均向該局咨取、今年陸續解赴京城及各省者、已有數起、江南官書局、現歸併該局合辦、原儲各書、均係木板、劉觀察具稟江督、請將各書縮印小本、以便學堂應用、又以本局新譯各書、業已編成數種、均須付印、特派委收支委員黃令裳治、將各書本帶赴上海書局、改用機器刷印、並飭該令在滬監工、以免參差草率之弊、

袁世凱與文明書局版權

近聞北洋官報局翻印文明書局出版之教科書。文明書局知而訟之。官報局總辦張某因說直督袁世凱。移文管學大臣及商部。囑註銷文明書局版權。幷言「中國編印書籍。原爲開通風氣。豈可給以版權。以隘銷路。近來書賈屢有禀請者。迹近壟斷。有關開化。請貴部嗣後遇此等事宜。一概批駁。以杜奸商把持云云。

文明各國之保護著作權及出版權也。其意豈不在開通風氣哉。蓋著作一書每費數年心血。印刷版出恒消千百金錢。假令一書告成。人人可以翻刻。則著作者及出版者將毫無所利。誰肯費比心思資力以爲此有害無利之事乎。著作者不肯勞心。出版者不肯出資。新書烏乎而有。新書絕跡。風氣胡自而開。文明國給以著作權及出版權。所以保護著作者出版者之利益。俾日從事於著作與出版。庶新書日出不窮。助文明發達於無形。此固有識者所共知。而文明各國所歷試不爽者也。中國今日有待於新著之出者至急且要。而各地書局尚以銷路不廣。保護不周。不願刊刻新書。若文明書局之不惜巨資。聘請通人編輯教科書。惟開發國民智識之是期者。誠屬難能而可貴。管學大臣之予以版權。各地方官之給示禁翻刻。深得保護獎勵之意。然文明所編各書出版不及朞年。成本尚未收足。深望各督撫爲之推廣保護。庶可收利於將來。今以堂々北洋官報局。赫々直督袁世凱而出此野蠻不道之舉動。竊恐文明書局一家之受害猶其餘事將來著述出版之書必日見其少國民智識永無發達之期欲開風氣者固如是乎使註銷版權之策竟能實行雖流毒天下後世而猶足快北洋官報局一時之私意無如其不能也吾非謂管學大臣及商部之明識竟能不爲袁督惑也以保護版權之處不獨管學大臣及商務部也不見新訂之中日通商條約乎。中日通商條約第五款內載「日本臣民特爲中國人備用起見以中國語文著作書籍以及地圖海圖執有印書之權亦允由中國國家定一章程一律保護以免利益受虧」又「日本國國家亦允保護中國人民按照日本律例註册之商牌及印書之權」云云。由前之說則日本人可以得中國政府版權之保護由後之說則中國人可以在日本請領版權轉由中國保護夫日本與吾同文久欲得中國之版權。通商條約之立日人深喜在愛國權者猶痛惜之不意北洋官報局及袁督反作爲叢驅雀之鸇耶。使上海書局盡掛洋牌託日人保護或著作者在日政府請領版權不識北洋官報局尚敢翻刻之否不識直督袁世凱尚能註銷之否把持壟斷且名之爲奸商彼偷印翻刻者將何以名之哉。譬之小人其猶穿窬之盜也歟若北洋官報局有鑒乎書賈壟斷之非慨風氣不能速開是宜廣延通儒。盛徧書籍聽人翻刻普利士民不宜奪人已有之功巧博濟衆之譽也且令北洋官報局深非文明書局之版權何不先禀袁督移文管學及商部註銷得其批準而後翻刻雖非文明國應有之理抑亦不失爲專制國正直之行爲耳計不出此效宵小之伎倆私行翻刻及爲文明告發始老羞成怒欲憑總督之威以壓區區一書局萬不料堂堂北洋官報局赫々直督袁世凱而竟若是在北洋官報局及袁世凱。亦既利令智昏。飾非文過。悛悔之望。固難期矣。猶望管學大臣及商部。顧全大局。不爲若輩所惑。以貽天下後世笑。況今當商法新頒。海內視聽。咸注於此。倘於版權之微。尚不能保安。望其能保公司安。望其商法之能有效乎。

上海商務印書館編輯小學教科書緣起

我國仿西法設學堂迄今幾四十年而無明效大驗者弊在不知普及教育原理無小學以立之基無國文以植其本貿貿然遽授以高等學術外國文字雖亦適救時之用而淩亂無章事倍功半所以行之數十年而不得大收其效也本館延請海內外通人名士研究教育問題知國文科爲最亟乃合群力集衆智商榷體例搜羅材料累月經年始得要領自初等小學堂至高等小學堂計九年爲書十八册（以供七八歲至十五六歲之用）凡關於立身（如私德公德及飲食衣服言語動作衛生體操等）居家（如孝親敬長慈幼及洒掃應對等）處世（如交友待人接物及愛國等）以至事物淺近之理由（如天文地理地文動物植物鑛物生理化學及歷史政法武備等）與治生之所不可缺者（如農桑工業商業及書信帳簿契約錢幣等）皆萃於此書其有爲吾國之特色（如開化最早人口最多及古聖賢之嘉言懿行等）則極力表章之吾國之弊俗（如拘忌迷信及纏足鴉片等）則極力矯正之以期社會之進步改良由淺及深由近及遠由已知及未知按兒童腦力體力之發達循序漸進務使人人皆有普通之道德知識然後進求古聖賢之要道世界萬國之學術藝能庶幾拾級而登無或隕越書中行文以平寔活潑爲主間取游戲歌曲啟發兒童之興趣而隱寓勸戒之意庶幾教者不勞學者不困潛移默化蒙養之始基以此立國民之資格以此成是則區區編輯之微意也　本館編輯是書每成一帙必經數手易數稿今已編就若干册尚待商榷雕繪頗費時日先刊第一册并將其編輯大意附錄於後以質海內之有志教育者　國文教科書第一册編輯大意　教科書中以國文爲最難無成法可依附也國文中以第一册爲最難須求合初學程

度也夫聚七八歲未經受教之兒童腦力薄弱思想簡單忽授以與言語毫不相涉之文字其困苦萬狀殆不可以筆墨盡於是時也非有適用之書則教者學者將均大受其窘近來新編訓蒙各書非無可取然施諸實用尙多窒礙今列其大者凡十又九　一　單字講授索然無味　二　筆畫太繁不易認識　三　連字介字助字等難於講解　四　深僻之字不適目前之用　五　生字太多難於認識　六　不溫熟字便易忘記　七　語句太長難於上口　八　全用短句不相連貫則無意味　九　數語相連不能分句解釋難於講授　十　語太古雅不易領會　十一　語太淺俗有礙後來學文之初基　十二　陳義太高不能使兒童身體力行　十三　墨守古義不能促社會之改良　十四　外國之事物不合於本國習俗　十五　不常見聞之事物不易觸悟　十六　不合時令之事物不易指示　十七　文過恢諧有礙德育　十八　文過莊嚴兒童苦悶　十九　進步太速失漸進之理　本館有鑒於此萃海內外人士以數人之力費月餘之時僅成此區區一小册雖不敢云完善然於以上諸弊删除殆盡用心亦良苦矣茲略舉編輯大意其詳則見諸教授法　一本編爲初等小學堂第一年前半年之用（正月起六月止）一半年間除放假外應得二十星期本編分六十課每星期教授三課適供半年之用（以下各册均倣此）一每課分兩節半課爲一節除星期放假外每日教授半課　一每星期授國文十小時六小時講解誦讀四小時溫習考問　一本編由識字而聯字而造句而成文至長之句以五字爲限　一東西訓蒙讀本初學之時皆取字畫極簡者我國文字無字母無假名筆畫較繁最難限定本編第一課至第六課限定六畫第七課至第十五課限定十畫全册限定十二畫間有十餘字過十二畫者皆甚習用之字且列於三十課以後　一本編所用之字限定名字代字靜字動字狀字以便講解　一本編選用四百五十七字凡深僻之字及兒童不常見聞者概不采入　一每課生字以十字爲限且於本課上方標明便於提示先教（以下各册均仿此）一每課中帶溫熟字其未經溫習者則於後兩册補溫之（以下各册均仿此）一每課

字數自八字遞加至四十字今舉每半課字數如左　第一課至第四課每半課四字　第五課每半課五字　第六課至第十課每半課八字　第十一課至第二十課每半課十字　第二十一課至三十二課每半課十二字　第三十三課至第四十課每半課十四字　第四十一課至第四十七課每半課十六字　第四十八課至第五十課每半課十八字　第五十一課至第六十課每半課二十字　一本編每課文字必取其類似而相連貫者然每句之中又各可分開解釋以便講授　一本編雖純用文言而語意必極淺明且皆兒童之所習知者　一本編不採古事及外國事　一本編所述花草景物預算就學時期順序排列使童兒易於隨時寔驗（以下各册均仿此）一本編德育之事注重家庭倫理使兒童易於實行　一本編智育之事只言眼前事物不涉機巧變詐以鑿兒童之天性　一本編頗重體育之事以振尚武精神　一本編多及學堂事使兒童知讀書之要　一本編多及游戲事使兒童易有興會　一兒童最喜圖畫本編插圖至九十一幅之多使教授時易於講解且多趣味　一本編每半課中其文字圖畫必在一開之內俾省翻閱之勞以便兒童誦讀　一本編以空格斷句每句必在一行之內誦習時可免錯課句讀　一本編用初號大字印刷俾兒童不費目力　一潔白有光之紙易傷兒童目力本編用紙只求結實耐用不事外觀之美　一本編爲學生課本另有教授法一册以供教習之用與本編相輔而行教時按法教授尤便應用（以下各册均仿此）一本館另編習字帖所習之字與本編選用之字相同使兒童隨讀隨寫較易習熟

北京書局懇請商部開辦書業商會稟暨章程 并批

具稟北京華北書局郭增慶華新書局常堉璋文明書局黃文傑浣花書局劉培極上海吳雲記吳雲生一新書局周仲華通雅書局張翼雲廣雅書局萬選青文明書局俞復等謹稟爲聯合書業商會懇請憲諭飭遵事竊商等經營書業略分編譯刷印發行三大宗而南北迢遙各不相顧以致翻刻僞印或改頭換面一書數名一名數書著稿爲劣稿所累編書者濡筆不錄善本爲劣本所混購書者亦裹足不前而奸商狙儈苟且貪漁利權外溢商等因此虧本折閱年甚一年現値大部整頓商規飭各項商業建設商會竊查　奏定章程於通商大埠設總會於稍次之地設分會書業以上海爲總滙之區而北京首善地方實爲商務樞紐現擬於京城上海兩處先設書業商會務使聯絡一氣彼此編譯刷印均當酌盈劑虛不得有侵犯複雜之弊至板權法律容俟　頒發章程再行遵照辦理現設商會專爲南北書業貫通脈絡以免紛爭而冏商本謹會同南北各商公擬章程十條仰候大部察核批准立案容即公舉妥員迅速辦理是否有當伏乞批示遵行實爲商便

附章程十一條

一商會以保護書業利權爲宗旨

二先調查北京上海新出各書編列簡明目錄每年分四季報告各省大小學堂以廣招徠期速銷售

三凡寄售圖畫儀器標本均附入書目一律報告

四京城上海商會各設觀書處搜集各家所有出板之書分類標籤招集四方遊客恣意觀看慫勸購買

五嗣後南北新出書稿及復印某書均應於未開印之前先赴商會掛號印書若干碼價若干加蓋商會圖記以便遠近信行而翻刻僞印藉以稽攷

六各省學堂採辦大宗書籍由商會另議折扣凡載運關卡一切阻礙均由商會代請護照或包辦包運

均可

七各書批發價碼折扣應由商會公議務須一律不得參差如遇招盤拍賣者不在此例

八南北商會均舉會董隨時議定條款刋印行單發給在會各書業一律遵守如有徇私犯規等弊本會秉公議罰遇有訟累卽由商會禀請商部或該管地方官訊斷懲辦

九本商會初創由經理人籌款承辦俟會規議定後另籌久遠經費以期完善

十本會設立後應照商部定章請領書業商會戳記一方遇有公事蓋用以昭信守（以上十條係原定章程此下一條乃係奉商部飭諭遵具節略奉批併入章程）

十一書業商會原爲調查新書起見嗣後入會各家所出之書必經本會檢閱一切違礙妄誕駁雜不純等書概不出板如有私自翻印經本會查出公議科罰倘係不入會之家印售此等新書本會不加檢閱戳記不代報告行銷（此條係附呈節略併入章程）

商部批　據禀已悉近來新書踵出純駁不一坊間贋本翻刻漫無稽考尤足貽患學界該商等所請設立書業商會志在聯絡南北書業以免侵犯複雜之弊將來新書出版得有純正指歸於風俗人心關係甚鉅深堪嘉予自應准如所請惟該商等旣經設立商會卽有調查新書之責一切違礙妄誕之書概不准其出版倘有翻印私刻等情當公議從重科罰所有續呈節略應令併入原呈章程之內斟酌盡善以期行之久遠仰卽迅舉公正董事幷將入會同業各舖造具清册送部以憑核辦可也此繳

書業同人因警世鐘案呈商會書

謹啟者。吾國書業素稱清苦。滬上爲通商大埠。新舊書籍。取求者衆。苟一不備。即無以角立爭存。開銷大而生意清苦。折閱必所不免。以故各種書籍。無人過問則已。有則各家雖無是書。亦不得不向有書之處輾轉訪配。以報買者之命。此爲應酬門市希圖興旺起見。實有不得已之苦衷在也。近來新書雜出。議論紛歧。往往一書出版。此是彼非。毫無確論。在國家旣少專官。逐一檢查。分別去取。示人準則。我商人等但以弗聞官府查禁。即爲代售以冀博蠅頭之微利。不謂近日英租界會審公廨。因警世鐘一案。竟牽連書業至四家之多。十一月二十七日堂斷。並將程吉甫、茅伯如、潘錫蓮、王振楷等判押西牢。多者兩年。少者八月、三月。商等聞之。不勝皇駭。伏查大清律例。凡私家收藏應禁之書者杖一百。並於犯人名下追銀一十兩。給付告人充賞等語。夫應禁不應禁之權。祇能操諸官府。不能令商人自爲臆定。今警世鐘。未奉官府明禁。則即以代售與收藏並論。亦不得謂之有罪也。又查乾隆五十九年李侍堯等奏查出逆犯屈大均各種書籍。並請將私自收藏之人屈稔湞屈昭泗問擬斬決。當奉上諭朕辦事光明正大，不肯因訪求遺籍，罪及收藏之人，所有粵東查出屈大均悖逆詩文，止須銷燬，毋庸查辦，其收藏之屈稔湞屈昭泗，亦俱不必治罪等因，警世鐘一書，充其極，亦不過與屈大均之悖逆詩文相等而已，即欲懲辦，亦不過銷燬其書而已。代售之人即以私自收藏論，援屈大均之案，亦不必治罪也，而況屈大均之詩文，已奉旨明禁，而警世鐘一書，即官府尚未有明禁乎，或謂其書有詆毀外人之詞，得罪友邦，恐傷睦誼，不得不畧加懲儆，然治中國之民，祗能用中國之律，公廨委員，不能置祖訓王章於不顧，而惟陪審西員之意見是從也，同業公憤，迫不能平，爲此環求總辦大人俯鑒冤屈，轉請道憲札飭英界會訊公廨，重行提訊，按律辦理，俾昭信讞而釋羣憤。（下畧）

江督周准外務部咨轉飭司道保護美國印書公司板權札文

為札飭事光緒三十年十二月十八日准外務部咨光緒三十年十二月初四日准美國駐京固署使函稱接本國政府函囑茲有日本印書人竊將現設紐約之大美國印書公司印出之琶衡黎萬國史記翻印售賣於中國者甚多請轉達中政府飭屬保護大美國印書公司之版權等語應函請設法分飭該管官員卽行查禁免其在中國發售等因相應咨行貴大臣查照辦理可也等因到本大臣承准此合行札飭札到該司道卽便轉飭查照辦理毋違此札

◉創辦大印書館　江寗來函云近有某某二富紳擬在省城創設極大印書館一所已籌定資本五萬圓派人前往日本購辦機器鉛字此外尙擬招集股本五萬圓爲建造房屋一切用費志在必成現已議定集股章程散布各處

美華浸會書局進步談

湛羅弼

一千八百九十九年二月廿三日。浸會中西教友創立書局議定章程。是爲書局始立之日。向有多人爲此事祈禱已久。前二十年。有一華人牧者每朝早起。離城遠出。懇切祈禱。求天父感動浸會設立書局。印行多書。助道流行。當時有聖經會。小書會。以浸會與別會比較。則浸會所出之聖經及各書籍。爲數甚少。我等浸會以爲別會繙譯聖經。中有數字錯悞。別會規例。亦有不合聖經者。我等愛別會之人。欲與聯絡。但應各盡本分。令自己所信所識之道。到處暢行。去年英國聖經會百年紀念。擇一禮拜日請各處教會。同日專講聖經會事。勸人代聖經會祈禱。捐資助印聖經。此次敘集各地浸會皆行。且有捐助。今年聖經會値理總理及代理人。定議每年擇一禮拜日。專講聖經會事。此亦甚好。但我等浸會。不應用聖經會所發之新約全書。各處浸會。應樂助自己書局印發聖經。本局特爲印聖經及印各等教書而設。多謝神。因本局已得其祝福。設局之始。欲籌欵二千元。尙覺爲難。蒙神祝福。過於我等所信多倍。現本局有地有屋有機器字粒等件値銀數萬。所印之書。每年加多。一千九百零一年。賣出書三萬本。欠賬代印兩欵不計入內下同。九百零二年。五萬二千本。九百零三年。十萬零九千本。九百零四年。十四萬零五千本。去年本局所印書籍。大小計共二十五萬本有餘。代印在內、內有四萬二千本、寄付金山。本局之眞光月報、銷場漸廣。各地浸會購閱本報之人、應較目下增多數倍、因本局月報、最足助各地教友聯絡聲氣、交通智識。望各友樂力勸人看報、或自己月買十本以上、送與人看。此亦播揚主道之善法也。現本局擬印新約串珠。需銀應用。著串珠者、現將告成。本局應印廣東土白之浸會新約全書、幷應有官話及數處土白、今所用者皆洗禮各會所印、浸會幷未有自印全本此亦一憾事也。日前美國來函云、有一西人捐銀一千元、合華銀二千餘元、一半助印聖經一半助還本局欠項、現本局每月收入租項數百元、但仍欠債三萬餘元。若我等還清欠項。可將租銀更圖推廣。用人更眾、印聖經及各等書籍更多、望本局將來在各省、可自請人賣自印之書、此等工夫、爲益浸會甚大、現美國有四位名譽員、爲本局籌金銀三萬元。約華銀六萬餘元、今所得未多、但已相機設策、若此處華友樂力捐助、則可助伊四人勸美國人樂捐、美人疎遠、尚樂捐助、況華人兄弟姊妹親邇皆有鄉誼者乎、余因作此論。望各處教會同心定議每年擇一日禮拜日、專講本書局事、若與聖經會同日同時亦好、但必以專講本書局事爲宗、各兄弟姊妹、捐資不論多少、余緊要切求天父祝福中國浸會所設之書局、我等喜知美國多有華人浸會兄弟、望都樂力助此美舉。每年捐資、時時代禱。無論何處捐助本局、請交廣東羊城沙面一百四十四號美華浸會書局總理湛羅弼收入。是幸。

學部批示○上海文明書局等稟公立書業商會業奉商部批准錄呈章程稟請立案由　據稟及章程均悉該局等組織商會整頓書業俾益教育匪淺所擬章程亦尚周妥應即切實籌辦務令印刷工藝日見精良圖書事業逐漸發達以爲輸入文明普及教育之助本部實有厚望所請立案之處應即照准仰該會所出圖書月報按月賫呈一分以憑查核並具呈江蘇提學使司備案可也此批○邵藝孫稟劣紳破壞學堂械傷教習請查辦由稟悉昨據周弼忠等稟請查辦已咨行安徽巡撫查辦矣此批

美國國家印書局

○美國京城之國家印書局。實爲世界無比。其中各種機器。無不具備。或有公文要件。不難咄嗟立辦。自排印切訂以至成書。不崇朝而得也。其房屋之長四百零八尺。闊一百七十五尺。高爲七層。扶梯之外。有自升機十五部。以各層之地板分鋪之。則地佔十六愛格。（約中國百畝）造費美金二百五十萬圓。其中自行排字機六十具。大小印架一百五十具。排字者一千二百人。共計全局用四千五百人。每月薪工美金二十萬圓。全局價値十兆圓。每年之貿易。則共計七兆圓云。

△歐洲書籍之出版數目　巴黎圖書雜誌云。每年新出版書籍。德國平均二萬五千種。法國一萬四千種。意大利一萬一千一千種。英國九千種。其餘各國合計一萬六千種。總計共七萬五千種。此等書籍之出版數。每種平均作千部計。歲得七千五百萬部。日計每日平均得二百十五種。二十萬六千部。如合舊書計算。其數當更加多云。

△美國之新聞雜誌數目　美國新聞雜誌。據最近統計。有一萬九千餘種。內中日刊新聞二千二百種。禮拜新聞雜誌一萬四千五百種。月刊雜誌二千七百種。

英國初印書籍

生

英國第一次印成之書。在千四百七十七年。由英人佛良考克斯登。在佛斯得明斯城印成。係一種格致類書也。

西人譯中國書籍及在中國發行之報章

陳　潛 來稿

江浦陳君仲明。多讀西書。就西人講求中學之事。札記甚夥。承錄示數條。學術聲氣。頗備觀感。亟登之以諗海內學人。並望陳君之源源賜教也。

新譯王充論衡

漢王充論衡一書。我國向列儒家。近德國博士愛而福德弗爾奇 Alfred Forke 喜研究中國學術。嘗以王充所言與希臘哲學家柏拉圖 Plato 所論議相比較著論一篇列入亞西亞上海支會之雜誌中 Journel of the China Branch of the Royal Asiatic Society. 現該博士又將王充論衡數篇譯成洋文並加詮釋業已出版足見中國古籍。西人尚寶貴之如此。則我國舊學之不可磨滅。抑可知矣。

西人研究華學書籍之目錄學

泰西人所著中國政學風俗等之書籍。汗牛充棟。大之天文輿地。下至小說歌謠。靡不譯有專書。以資研究。種類既多。調查不易。一千八百七十六年。德人莫林德甫始搜羅各種書籍雜誌等與中國有關係者共四千六百三十九種。編爲目錄 Möllendorff's Manual of Chinese Bibliography. 條分件繫。朗若列眉。嗣法人亨利可狄亞。又續爲之 Bibliotheca Sinica: Dictionaire Bibliographique des Ouvrages Relatifs à l'Empire Chinois, par Henri Cordier. 提要鈎元。較莫氏之書尤爲詳贍。學者欲閱何種書籍。按此二書以求之。則十可得其八九矣。

西國舊報之價值

西人在中國第一次所發行之報章。創於一千八百二十七年。卽道光七年。名 Canton Register. 又一千八百三十二年。卽道光十二年。每月所發行之雜誌。名 Chinese Repository. 現在頗不易購。該雜誌共計二十本。有時竟售至英金四十鎊云。

印刷物與社會的關係

世界由諸般社會而成　沒有社會　怎麼成個世界　關係社會的　那一項沒有　多得很啦　豈但是個印刷物　不過印刷物　是社會上一種實業　且於文化的進步　民智的發達　都可見得　煞有影響　人家看着這印刷物　以爲是個工藝　無足重輕　刷印好了　便稱贊兩句　刷印得不好　還要批評　算不上什麼事　其實那知道與社會　同地方實業很有講究　不妨把這個關係　跟列位說說哇

當社會沒有進化的時候　識字的人少　也不做什麼事情　即有做些事情　也極簡單（簡單就說是有限得很）那時候做官的人　不過刻了幾張告示　讀書的人　不過刻了幾本箸作　也眞眞難得見着　還是試草同那硃卷　或許常有　經商的人　不過刻了幾張招貼　刷印些牌號紙跟平常用的發票罷了　至於種田的　做工的　竟可以一生一世　不

用刻字　也用不着什麽刷印　所以刻字鋪裡面　尋常時候的生意　祇有木戳名片　以及訃聞兩項　至刷印通啟傳誌表記　數千百分　已是了不得的　也屬社會中所僅見　如能攬到一部詩文稿子　已經算是大生意了　而且同業中　你招我徠　攬到手也很不容易　煞費一般經營苦心哩　總之是做個人的生意　沒有做團體的生意　只有人家刻家譜算是家族團體的事情　地方上刻志書　算是地方公共的事情　除掉這個以外　竟可說再沒有別的了　大抵社會未曾進化的時候　大家心上　沒有公共團體的機關　所以散散漫漫　大家得過且過　餓來便吃渴來則飲　早起晚睡　無所事事　這種社會　木刻的印刷業　尚且要衰敗　那裡說得到鉛印　還說得上石印嗎

等到後來　文化逐漸進步　民智逐漸開通　各種社會　也都發達起來就政界　軍界　學界　商界上看來　各有各的機關　各有各的意見各有各的事業　要靈通機關　發表意見　擴張事業　就不能不有語

言文字　要宣布這語言文字　廣告全界　開發的地處既多　往往隔窵遠　謄寫決來不及　且非但要費個工夫　并擔擱着時候　那就不能不用印刷物了　來得迅速　不拘正千正萬　都在這一版做下　極其便利　所以文明國的印刷物　多如恒河沙數　既是多了　自然格外認眞　逐樣講究　模子　墨料　配合　工作　件件要求精緻　那講究不來的　就只好退避三舍　在這印刷業上站足不牢　要知道文明程度若何只要看他的印刷物　如果他那印刷物　既屬多了　又是精緻　就他的文明程度　必定是高的　如果他那印刷物不很多　且不很講究　就他的文明程度低了　這是個定理　不與社會很有關緊嗎

卽如咱們河南省　前幾年不很見有印刷物　刻字鋪雖到處開着　很不見發達氣象　自從學務公所辦了鉛印　出幾種報紙　去年官報局發起開辦刷印所　石印架子辦了大的　並添購火油引擎　不用人力搖機提倡地方實業　印刷物也漸漸加多　一時聞風興起　見着石印精良

現在中州圖書儀器公司　武學官書局　繼續辦小石印架子　還有中外藥房也有一部石印小架　算是石印書局哩　就在魚市口葆記照相館裡面　生意很多　可惜部分太小　做不開些　這都是代表社會進化的實在憑據　也可見得社會的發達哇　河南內地如此　中國口岸各省　風氣早開　文化也快些　自不必說　此外也就可想而知的了

至於那印刷物的歷史　何人創始　何時盛行　到偺時代纔有了鉛印誰發明的　鉛印做版　有幾多種　活盤呆盤　須得知道個分別　用處如何便利　到偺時代　又有了西法石印　創自外國　流行到咱們中國來　這是合理化電光格致各學　參倍發明的　比着鉛印如何精緻　孰費孰省　本報春間就在這實業欄內　已原原本本的說過　列位想都瞧着　刷印物中還有一項　叫做爛銅版　那是最好沒有　比石印的更是一絲一毫無走動　不過工本較多費好幾倍哩　東方雜誌內每册附見一兩頁　正見得社會振興　精益求精　還說沒有關係麼

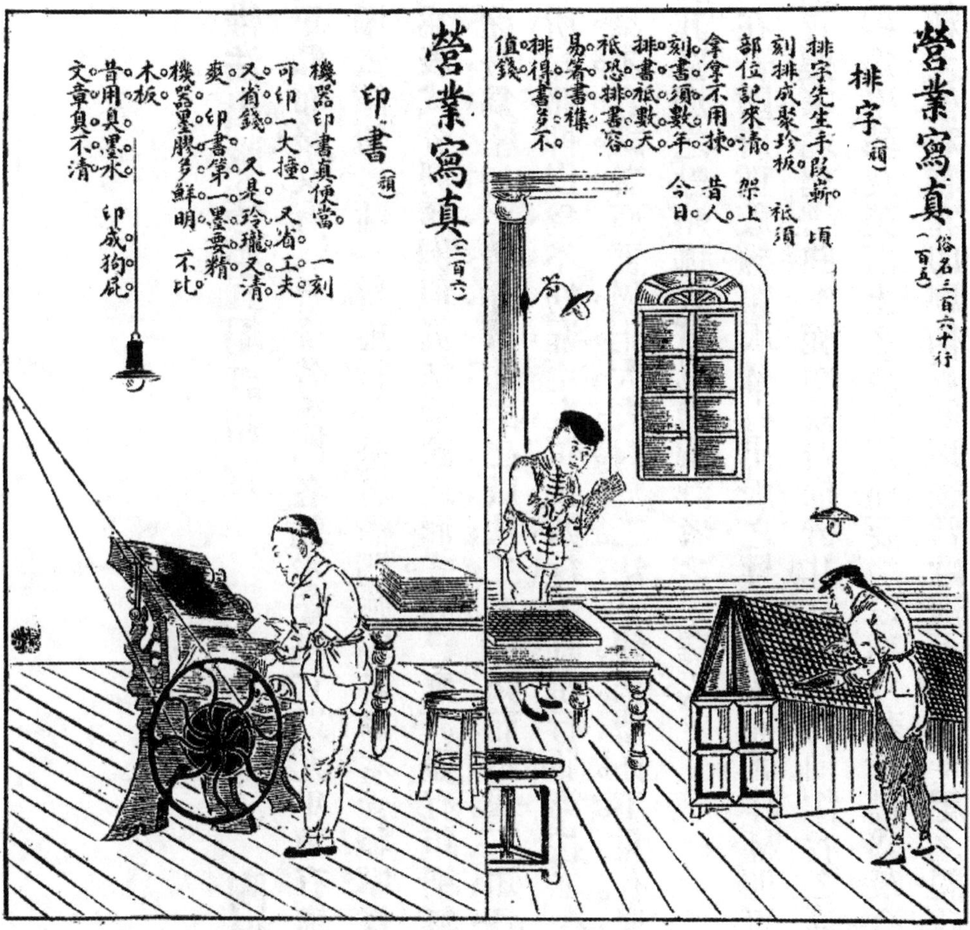
營業寫真（俗名三百六十行）（一百五）
排字（頑）
排字先生手段新。頃
刻排成聚珍板。祇須
部位記來清。架上
拿拿不用揀。昔人。
刻。書。須。數。年。今日。
排。書。祇。數。天。
祇。恐。排。書。容。
易。看。書。樵。
排。得。書。多。不。
值。錢。
營業寫真（三百六）
印書（頑）
機器印書真便當。一刻
可印一大撞。又省。工。夫。
又。省。錢。又。是。玲。瓏。又。清。
爽。印。書。第。一。墨。要。精。
機。器。墨。膠。多。鮮。明。不。比。
木。板。
昔。用。臭。墨。水。印。成。狗。屁。
文。章。臭。不。清。

論著作權法出版法急宜編訂頒行

陶保霖

自九年籌備清單頒布後，又有旨令各衙門各就本管事宜，以九年應有辦法分期臚列，奏明交憲政編查館覆核，請旨施行。於是各衙門無不各就本管職掌，條分縷晰，逐年分列，或更劃爲表式，分別類例，似於法治國之形式，固已應有盡有，鉅細無遺矣。而猶於關係教育前途最爲密切之著作權法與出版法二者，竟闕而不舉。不知各衙門未知此項法律職掌所歸耶？抑以爲不妨遲至九年後始行釐訂頒行耶？第按之今日情形，二法之頒布，實爲萬不容緩者。而吾國士大夫對於二法之觀念，似亦不免有混同之處。故將二法要義及其區別之點，略述大概，以備編訂者之采擇焉。

著作權者，即現在吾國所稱版權。第版權有出版之權利意味，而著作權則可包含美術家之圖書、雕刻，音樂家之樂譜、曲本，範圍較廣。推衍其意，可稱爲創作者之權利，或精神上之財産，又可稱爲學藝及美術上之所有權，而要之以稱爲著作權爲最合。溯法律上認著作權爲特種之權利，實在印刷術發明以後。當歐洲十五六世紀之間，政府始有保護原著書者之利益。而禁止翻刻之事。於一定期限內。原著書者享有專賣權。若有翻刻者。可向之要求損害賠償。此爲著作權之起源。略如今日之專賣特許。故學者稱此時期爲特許時期。在此時期。其著作權應保護與否。全出政府之任意判斷。蓋其宗旨在獎勵出版事業。欲獎勵。故不可不有以償出版者之費用。若政府審查認爲不必獎勵。即不必保護也。

第二時期爲權利主義時期。乃因著作者事實而當然發生之權利也。此權利與有體物(動產不產動等)之所有權全同。蓋由人之腦力所生出物。即無形之勞力所作出者。法律上當然有此權利。其權利非由政府之審查認定而生。乃因著作之事實而生。至此而著作權始爲完全之財產權矣。

至第三期。乃進而爲世界的權利時期。從前著作權之保護。僅限於一國內。然保護著作權之性質。決非可以限於一國。蓋著作物之利益。非一國所可獨享。故其保護亦不能限於一國。且出國境一步。即可翻製。其保護亦未爲完全。是以近來各國。皆互結條約。互相保護。馴至因學者之提倡。美國美藝協會成立。旋經各國政府公認。卒成國際同盟。於瑞士開萬國會議。而定著作權保護之萬國同盟條約矣。

以上所述著作權之沿革既如此至著作權何故而保護之之理由可分為四大主義

(一)創作者保護主義創作者即新物之作出也吾人以思想能力新創作一物法律即保護之反之若為擬作者(模擬他人之作)則不但不保護且須處罰此理由與所有權之根本同所有權之根本即在先占先占者其人與物之間先有特別關係之謂也吾人因腦之作用由社會現象而製出之物即為著作者與著作物之間有特別關係也

(二)勞力說此說謂著作權之根本非由創作乃由智能的勞力而生凡著作皆非創作不過就社會上材料而網羅蒐輯之故其解所有權之根本亦不在先占而在勞力譬如土地之所有權因墾闢之勞力而得房屋之所有權因建築之勞力而得著作之所有權則因彙集材料之勞力而得也

(三)報酬說此說謂對於著作者之勞力而與之報酬蓋著作者裨益一國之文明最大社會之發達人類之幸福實利賴焉故不可不給予報酬

(四)人格說此說謂著作權之根本乃在人格之保護蓋著作物者著作者思想之發現而思想者為人格之一要件故他人不能剽竊摹擬以侵害其人格

綜觀以上諸說均不可謂完全無誤現在各國立法例亦不能盡同但就時代與各國之

情形。而所採主義。遂不能無異。惟第三說報酬說。在第一時期採審查主義時代。頗視為適當。然其謬誤之點。乃在與出版法相混。夫謂著作者與社會以利益。故予之報酬。則於社會無利益者。即不當給予報酬。其甚者有害風俗妨治安之著作物。尤不當受保護矣。然在今日各國之立法例。則不論何種著作物。苟屬著作。即有享受保護之利權。並不以社會所受利益之程度而別其保護與否。蓋著作物內容之是非善惡。自有出版法之檢定。如有妨治安壞風俗者。依出版法自當禁止發行。若謂禁止發行之著作物。即不當保護版權。於理論上似不可為不正當。（日本舊版權法即取此主義）然今日各國多不取此者。因其於著作者所有權之根本上。有窒礙也。譬如有一極不潔之物。置公眾之處。警察可以其有礙衛生而禁止之。然不能因此謂其物之所有權亦隨之喪失。如有竊取或毀壞之者。仍不能免竊盜罪及損害賠償之處分也。由此觀之。版權之保護與出版之檢定。全屬兩事。其理甚明。故萬國會議著作權保護之際。明言凡著作物之性質內容。其目的如何。不必問。惟著作權是認。故報酬說在今日已可稱為過去時代之主義矣。

吾國著作權發達最早。（宋元鎸本中已有類於禁止翻刻等字樣）惟保護思想之意多。保護財產之意少。（今日保護著作權之性質本含此兩主義）故向來學者著作。往往以刊刻之資丐助親朋而有力者刊印遺書幾視爲慈善事業之一種正與今日之以發行著作物爲營利者爲反比例自譯書流行歡迎者衆因是有翻印之慮而學堂發達教科書盛行保護版權愈有不可緩之感因著作物發行必藉印刷而印刷營業固商業也商部初設以保護商業爲己責故版權保護之事屬之商部及地方行政官吏在斯時之觀念蓋適與歐洲第一時期相仿亦採報酬說從特許主義而用審查方法者也此過渡時代不可免之階級然出版物出版既多則出版法不可少之感亦必隨之發生於是檢定之說起焉按出版以編輯發行印刷三種人組成其檢定與報律相仿必依警察法施行其宗旨在保護治安維持風俗故對於非賣品及無著作權之出版與著作物已經檢定而加改正增減附錄者亦須檢定與著作權法之純屬保護個人私權者迥然不同且出版法之檢定乃消極的故但不犯出版法所禁止（如庇護犯罪人禁旁聽之訴訟事件外交軍事機密及妨治安壞風俗等）無論其著作物有無價値均不得禁止發行與教科書之審定（教科書審定乃積極的必確合教科之用方爲合格若不合教科之用其著作雖善無取焉）尤全然無涉今日旣以檢定之不可少則民政部當速編訂出版法與報律同時施行（出版法與報律互有出入不可不同時編訂頒行）若因出版法尚未

編訂，而於保護版權，反滋疑義，是不特於二法之界限未明，且恐於行政亦生窒礙。夫農工商部向既以保護商業有禁止翻刻之成案矣，則此時亦宜編訂著作權法及著作登記法。（著作權法未頒布以前尤應先定暫行章程）庶著作權根本及發生之方法均有所依據。所謂發生之方法者，即登記之謂也。各國立法例，於著作權之發生亦分數主義。有不必登記，因創作之事實而發生權利者；有限定某種著作物必須登記者；有雖須登記而仍不以為發生權利之要件者；有必須登記始發生權利者。吾國向有存案之例，即登記也。則今日登記之法，事實上早已實行，但當定為法令，刪盡向來衙署延閣需索之弊，使人民不至望而生畏。至著作權法之應取何種主義，則當內按國情，外察大多數國之立法例，擇其最新而適用者。惟時代所限，所謂世界的權利主義，如上文所述第三時期者，吾國今日情形，尚可不必仿行，此當別著論以明之。若著作權法、出版法之內容亦有種種主義，教育進步，民智通塞，胥視此為轉移，編訂者不可不博考諸家學說，而審慎從事也。

南洋勸業會

商務印書館出品說明書

緒論

報寰球之事變。傳古今之知識。非恃印刷術耶。生數千載之下。而得讀聖賢之遺書。處數萬里之外。而能窺東西之學術。非恃印刷術耶。國家不得印刷術。則法令將何由頒布。學堂不得印刷術。則教科書將何以供用。況古今無雙之美術。我國國粹之精華。無一不恃印刷術爲之傳布耶。印刷術之爲用。抑亦大矣。西人有言曰。觀於印刷業之盛衰。可知其國之文野。誠哉是言也。

印刷術發明之最古者。厥爲我國。石經始於漢代。木版創自馮道。活版印刷。昉於趙宋。較之歐洲。實早千年。漢晉唐宋之碑帖。宋明之書籍。爲世所珍。固無論矣。本朝　殿版各書。其彫刻印刷之工。亦爲世所僅見。我國文化之盛。亦可以誇耀於世界矣。

泰西印刷之術。發明雖遲。進步極速。加以機械日精。化學進步。大有一瀉千里之觀。同光之際。輸入我國。僅有石印鉛印而已。近則照相銅版。鋅版。電鍍銅版。彫刻銅版。三色版。玻璃版等。相繼輸入。風氣日開。技術日進。良可慶也。

本館創辦於茲。十有四載。營業事項。以編譯印刷爲主。編譯圖書。將及千種。而印刷所中。更聘東西之良工。傳授技術。備歐美之新機。徐圖進步。期於我國印刷之業。有所貢獻。以發展我國之文明。今者南洋勸業會開幕。爲我國空前之壯圖。本館出品。得列入教育館中。非惟本館之幸。我國教育前途。有厚望焉。謹將本館歷史之概畧。現在之狀況。以及印刷圖書情形。分列於下。

本館歷史之概略

本館經始於光緒二十三年正月。賃小屋三椽於上海英租界江西路德昌里。購印機二具。從事印刷。翌年六月。移北京路。有屋十二楹。規模稍擴。二十八年七月。不戒於火。乃建印刷所於美租界北福建路。同時設發行所於棋盤街。二十九年正月。又置編譯所於蓬路。三十一年冬於北河南路北寶山縣境購地。合建印刷所編譯所。三十三年四月落成。本年五月因欲重建發行所。暫賃福州路中國品物陳列所舊址爲發行所。俟新屋告成。再行遷入。分館之設。當二十九年。始於漢口。以次推廣。刻各省已設分館者。凡二十處。光緒三十一年十二月遵　欽定大清商律。定爲有限公司。呈　商部註册。三十二年三月十二日批准立案。公司股本凡一百萬圓。註册時先集其半。後經陸續推廣。已實收八十萬圓云。

去年松江物產會。本館陳賽各種書籍及印刷品。審查合格。蒙　兩江督憲張。獎給一等金牌。　護蘇撫憲陸。發給一等獎憑。不勝榮幸之至。本館當更加勉勵。精益求精。期仰副提倡之盛意。

本館現在之狀況

本館遵照　大清商律。設董事查帳員總副經理。并於印刷編譯二所。特設所長以主之。

董事　張元濟　鄭孝胥　高鳳池　印有模　高鳳謙　夏瑞芳　鮑咸昌

查帳員　張桂華　張國傑

總副經理　夏瑞芳　高鳳池

印刷所長　鮑咸昌

編譯所長　張元濟

今更將發行印刷編譯三所內容。及印刷品說明圖書說明。分述於下。

（甲）發行所

一房屋　本設棋盤街中市。因地方迫狹。於辦事不甚適宜。特將房屋地基購入。重行建造洋式三層樓。計占地一畝三分。目前暫賃福州路中國品物陳列所舊址。爲發行所。明春新屋落成。即行遷入。

一設備　發行所爲本館之總機關。凡營業各事。發行所實總其成。各省分館亦歸其支配。事務較煩。去年特設商業補習學堂。考取學生。教授書算外國文以及貿易事項。務期養成適當人才。以供營業之用。茲將發行所及各分館辦事人員。表列如下。

上海發行所	一百三十四人
北京分館	十七人
奉天分館	十四人
天津分館	十九人
太原分館	十人
西安分館	八人
漢口分館	十九人
廣州分館	十三人
長沙分館	十三人
開封分館	十四人
成都分館	十五人
重慶分館	十人
濟南分館	十二人
杭州分館	十二人
南昌分館	十二人
瀘州分館	八人
潮州分館	四人
常德分館	七人
蕪湖分館	五人
龍江分館	四人
福州分館	十二人
商業補習學堂	四十五人
合計	四百又四人

一、成績　本館貿易日漸發達。去年營業已達百八十萬元。重要之都會商埠既已特設分館。此外各地販賣處計一千餘所。南洋羣島及東西洋美洲各互埠無不特設售書處。以備華僑之購求云。

(乙)印刷所

一、廠屋及地基　地基約二十九畝。廠屋皆洋式二層樓。依最新之建築法造成。玆將各室之內容面積列表於左。

正廠（事務室石印部鉛印部排字部校對部裝訂部皆在焉南端爲編譯所）　面積樓上下各三萬一千方尺

後廠（製造機械部鑄字部電版部紙型部木作皆在焉其南端爲圖書館）　面積樓上下各一萬六千方尺

大棧房（存儲書籍紙張及一切原料等）　面積樓上下各九千六百方尺

重要品棧房（存儲紙型銅木圖鉛版及一切重要品）　面積樓上下各三千六百方尺

照相版製造部（製造照相銅版鋅版玻璃版等）　面積平屋三千四百方尺

廠屋共占地六萬四千六百方尺。約十畝八分。此外爲空地及花園。花園有二。一在編譯所之南。占地八畝。一在正廠西北端。占地三畝。

二、設備　廠屋建造。尙稱適宜。一切應有之設備。無不完全。更設徑六寸之鐵管。引入自來水。又備吐水臺及水龍等。以防失愼。設輕便鐵道於正廠及大棧房之間。以便搬運。溝渠整備。以導污水。又有花園。可以暇時遊散。全所用人一千餘。內歐美人三名。日本人十餘名。今將分部人數表列於下。

總事務部	二十一人
校對部	三十人
中文排字部	百三十二人
西文排字部	四十一人
紙版部	二十一人
鉛印部	一百〇五人
鑄字部	六十五人
石印部	四十三人
五彩石印部	六十五人
照相部	二十人
繪畫部	二十四人
電版部	五十二人
雕刻部	十一人
裝訂部	四百五十二人
機械製造部	一百〇二人
合計	一千一百八十四人

三、成績　本館印刷所。專營印刷事業。兼製印機鉛字銅模等件。歷年俱有進步。茲將最近成績列左。

活版排字　每年約排四萬頁

活版印刷　每年約印一萬萬大張（每張紙爲一大張可開四張八張十張十六張不等）

單色石印　每年約印一千五百萬大張

五彩石印　每年約印一千七百萬大張

裝訂　每年華裝約五百餘萬册　洋裝約六十餘萬册

鉛字　每年約鑄十三萬八千磅

鉛版　每年約澆七萬餘塊

銅模　每年約鑄十四萬五千個

此外銅版鋅版玻璃版雕刻銅版鋼版等名目繁夥。不及備載。

（丙）編譯所

一房屋　設在印刷所正廠南首樓上。占地六千二百餘方尺。其編譯員之寄宿舍。則設於印刷所之北首寶興西里中。

一設備　本所分爲十六部。編譯員時有進退。其現時在所者。凡九十人。而特約在外編譯者未計。今將各部名目列下。

一總編譯部　二國文部　三算術部　四理化部　五政法部　六辭典部　七地圖部　八英文部　九東文部　十小說部　十一出版部　十二交通部　十三圖畫部　十四書記部　十五繕寫部　十六庶務部

此外又有定期出版雜誌凡五種。其編輯機關。亦附設於本編譯所中。名目如下。

一教育雜誌　二師範講義　三東方雜誌　四外交報　五小說月報

編譯所之東。設立圖書館一所。占地三千四百餘方尺。收藏中外圖籍甚富。分類列表於下。

中文書八千餘種內宋刊元槧精校舊鈔之本三百餘種　西文書二千八百餘册　東文書三千餘册　中外報章三百餘種　圖畫四百餘種照片二千餘張

一成績　本館歷年編譯圖書。已出版者。凡九百餘種計書三千二百餘冊。又圖百餘幅。詳細情形。別詳出版圖書說明中。其正在編譯及已成書而未及修訂出版者。亦不下百餘種云。

印刷出品說明

印刷之法。不一而足。本館印刷之物。約分三大部。曰活版印刷。曰石版印刷。曰照相版印刷。是也。茲分別述之。

(一)活版印刷

活版 活版者。以若干單個之活字。排成活版一塊。用以印刷者是也。印刷既畢。可拆之仍爲單個之活字。以便用以再排他版。其字可分可合。故曰活字。

我國昔時之活字。以木爲之。泰西初發明時亦然。其後經驗既久。乃改用金屬。五十年前。美國教士創美華書館於上海。是爲金屬活字傳至東方之嚆矢。然康熙時之聚珍版。固用紫銅爲之也。

活字以鉛亞的母尼點銅等混合鑄成。其字體之大小形狀。皆準銅模之式。

銅模 銅模者。以之爲模型而鑄活字者也。以黃銅及紫銅鑄成。黃銅之部分。形長方。爲銅模之全體。紫銅之部分。則嵌入黃銅部分之腰際。上有陰文之字。是爲字模。入活字鑄造器(俗曰澆字爐)中。以金屬(即鉛亞的母尼點銅混合之金屬)澆之。即鑄成陽文活字。

銅模之字體大小種種不同。字體有宋字。楷書。行書。草書。隸書。粗體字等。大小則有一號。二號。三號。四號。五號。六號。七號等。其特別放大者曰初號。用處最多者則爲四號。而三號五號次之。二號六號又次之。一號惟小學初年級之教科書用之。七號則惟辭典用之。

銅模字數。殊難預定。通用者約七千字。遇有不敷用時。尙可臨時彫刻。

西文東文之銅模。其字體大小亦有多種。惟其字母之數。不滿五十。加以符號。不過百餘。較之我國需七千者。其繁簡相去霄壤矣。

活版較之木版。便利倍蓰。固矣。然僅以活字排版。其用仍未廣也。卷帙浩瀚之書。一面排版。一面印刷。稽時旣久。活字必不足用。其不便一也。印竣之後。立卽拆版。售罄再印。又需重排。其不便二也。木版無此二弊。是活版未必勝於木版矣。我國活字發明雖早。而用處不廣。殆皆二弊爲之也。

泥版　以泥覆其上。泥面遂成陰文。是爲泥版。西歷千八百四年（距今百有八年）英人士坦荷氏發明。於是活版之二弊遂除去。活版排成之後。製爲泥版。以鉛等混合金屬澆其上。便成鉛版。卽可不用活版。而用鉛版印刷。於是活版兼有木版之長矣。

雖然泥版法固便矣。惟留存鉛版。成本甚巨。而泥版一經澆鉛。卽行散碎。將來鉛版磨損。無法再澆也。

紙型　千八百二十九年法人謝羅氏又有紙型（亦曰紙版）法之發明。活版排成後。以特種之紙數層覆其上。塗以漿糊。更覆薄布。而用毛刷擊之。更貼特種之紙。以壓抑器壓之。移於爐上烘乾。上下左右切之使齊。於是紙型成矣。紙型正面印入陰文。儼若銅模。故紙型直可謂之紙模。紙型之上。澆以鉛。卽成鉛版。與泥版相同。其所異者。則泥版僅能澆一次。而紙型則可澆至十餘次。且無須保存鉛版也。故自有紙型之後。一度排版。製爲紙型。僅須保存紙型。卽無論何時。皆可印刷。如印刷數多之時。且可多澆鉛版。同時並印。其便利果如何哉。

電氣銅版　近代印刷界有與紙版之用相等。而精美耐用過之者。是爲電氣銅版。創於西歷千八百三十三年。電氣銅版之製法。先將木版或他種版製爲蠟型。法以蠟七成。松脂油二成。黑鉛一成。鎔解而混合之。置於金屬器中。俟其稍冷。撒以黑鉛粉。全冷則以原版覆其上。用壓榨器壓之。於是原版上所有之文字圖畫。皆印入蠟版面上。是爲蠟型。置蠟型於電鍍中。經一定之時。（新法僅三四小時。本館已能爲之。舊法須七八日。）則蠟型鍍銅而成銅版。其上之文字圖畫與原版無絲毫之異。惟其裏面凹凸不平。須澆以鉛。使之平勻。更配木底。始能印刷。

電氣銅版之用處極廣。股票紙幣等。須精印之物。無論其原版爲銅版。銅版彫刻銅版以及木版活版之印刷數多者。皆必電鍍銅版方可耐用。此版一塊。至少可印十萬張。多至十五六萬。

木版最易拆裂磨損。製爲電氣銅版。則無此患。而印刷多時。更可多製數塊。同時並印。文字圖畫。極其精美。與原版無異。此電氣銅版之特長也。

花邊　花邊之製法。與活字略同。然其精者則用電鍍法。或凸凹版。其式種種不同。多用爲活版之輪廓。以圖美觀。

木版　有活版。有石版。有照相版。似木版已無用矣。然木版有木版之特長。不可沒也。

我國舊有之木版。彫刻之法不精。未足盡木版之用。新式木版。創自英國。多用黃楊。其精美不讓銅版。而精神過之。彫刻之時。不必將原稿粘於木上。用一種藥水。將原圖移於木上。一若照相也者。又有直用照相法者。原圖尤不致損壞。精美之圖。有銅版鋅版所不能製。而非彫刻不可者。故黃楊之圖。價値雖昂。而用途日廣。不以價昂而減其用也。

次於黃楊者。有梨木。精美不及黃楊。而價値較廉。稍粗之圖畫用之。

黃楊彫刻之費。每方寸自四五角至一元。餘梨木彫刻自一角至三四角。而電鍍銅版每寸不過一二角。故木版刻成。必製電鍍銅版印刷之時。用銅版而不必用木版。則木版可保存不壞。

(二)石版印刷

石版印刷　略稱石印。爲奥人所發明。迄今已百餘年矣。同光之際。輸入我國。專以之縮印舊書。爲科舉場屋之用。蠅頭小楷。筆畫無不清楚。而同時所出之畫報畫譜。皆石印也。

石版有一種特性。能吸收油氣。透入石理。如拭以藥品。則石面不能受油氣。石版利用此二性。有色之部。則令其吸油氣。無色之部。則令不受油氣。以施印刷。自如人意。

石版種類之區別有四。曰描畫法。曰轉寫法。曰照相法。曰彫刻法。然是皆專門之技術非常人之所能解。玆以通常分類之法分爲單色石印五彩石印二種。

單色石印　以黑或青黃紅紫之一色印刷者曰單色石印。而用途最多者爲黑色單色石印之製版。概用照相法。間有用轉寫法者。

照相法者先將原稿照相。施以藥水。製成稿紙。稿紙之上。印入正面之文字圖畫。其墨濃而浮。覆於石版上。而以壓榨器壓之。則其墨粘於石版而文字圖畫顯然矣。再加修潤。令其潔淨。卽可印刷。

轉寫法者以一種特別油墨。寫文字或圖畫於轉寫紙。置於石版上。加適宜之水。以器械壓之。則紙上所附油墨。卽轉映於石上。此法較上法可免照相之勞。惟不能留稿。再印時。仍須繪寫耳。故其用較上法便。而不及其用處之廣。

五彩石印　數色之文字圖畫。用石版數塊套印之。顏色鮮麗。殆與實物彷彿。紙幣股票彩色畫告白等。欲求精美豔麗。不可不用此法。五彩地圖亦然。

五彩石印之製版有二法。一曰平色版。一曰濃淡色版。平色版。不分深淺青者青赤者赤。毫無變化。製版較易。濃淡色版。則各色之中各分濃淡。美術之印刷。須用此法。深淺濃淡。自然相宜。無論山水花卉人物。無不鮮美奪目。與畫無異。五彩石印製版之法甚複雜。其印刷也色必一石。各印一次。印五色者須五石而印五次。十色者須十石而印十次。五彩石印之用極大。其前途正未有艾也。

白鉛版　近有一種白鉛版。西歷千八百九十七八年德人所發明。製版之法略同石版。惟不用石版而以白鉛版代之而已。其印刷物遠不及石印之精。然其用較石印尤宏。蓋白鉛版較石版價廉。一也。輕於石版而易轉運。且便保存。二也。較石版耐用而印刷亦速。三也。（石印每日不過印三五千張。白鉛版可印萬張。石印製版一度。不過可印六千。白鉛版可印二萬）故白鉛版亦爲今日所亟須。而代石版之用者也。

(三)照相版印刷

近年照相術與印刷術俱有進步。應用照相於印刷之製版甚多。照相銅版。照相鋅版。玻璃版。三色版。皆是也。

照相銅版　一名網目版。用照相法與腐蝕法而成。法先照相。次以乾片置於網目玻璃片之間。使其相合而成網目狀。乃塗感光藥品於乾片。曝之使其透光。入水洗之。又置藥液中以顯其象。更烘乾而冷之。以腐蝕藥腐蝕之。於是銅版以成。

照相銅版精密明晰。與照相無異。且可與活版同印。又甚耐用。多者可至數萬張。價值甚廉。英尺每方寸不過二三角而已。

照相鋅版　與銅版略同。惟無網目。精細亦較遜。而價廉耐用則過之。

玻璃版　又名珂羅版。與銅版略同。惟利用膠質製成極薄之膠版於玻璃上。用特別器械印刷之。(不能與活版同印)玻璃版色澤之濃淡。無異於照相。且不變色。最宜於美術印刷物。較照相銅版尤精。毫不失原圖之神趣。惟一版僅能印二三百張。至多千張。如欲多印。非重製新版不可。此其缺點也。

三色版　天際之虹。彩色美麗。然細加分析。不過赤黃青三色而已。三色配合之。可至七色十色以至無量數之色。近人利用此理。遂有三色版之發明。無論若干色之圖畫。用特別之玻璃鏡分析其色。而成赤黃青之三照相。是為母版。更用三母版製成三種銅版。而用赤黃青三色墨汁印刷之。即成多色彩圖。與原圖無異。

三色版之製法甚複雜。印刷亦不易。以故非有經驗者不能知其妙也。如能得良工為之。則無論何種名畫。製成此版印刷。均可令與原畫相等。人工至是。殆可與造化競巧矣。

以上三大部。為印刷業之中堅。用途之廣。不言可知。此外尚有數種。不隸於以上三部。而精美適用。亦不多讓。茲分述之於左。

彫刻銅版 西歷千四百五六十年間發明。以一種銅針或機器彫刻於銅版之上。其狀略似鐵筆家彫刻圖章。但銅版上須敷一種蠟。則圖畫文字更形明瞭。猶之刻圖章者。先敷墨於石上也。或用一種膠質紙轉寫亦可。雕刻銅版皆呈凹狀(卽陰文)所謂凹版也。紙幣商標等精緻之物。必用此版。如將此版電鍍。則可變爲凸版。此版彫刻較深。精美無倫。惟價値較昂耳。

彫刻鋼版 爲印刷物中最上之品。製法尤難於彫刻銅版。將原圖放大。用伸縮機彫刻。伸縮機有兩端。一端裝刻刀。刻放大之圖。一端裝鑽石。卽可自動而刻縮小之圖。刻畢再用藥品爛之。卽可彫深。製造紙幣。用此版最宜。以其不易倣造也。

留影版 此版製法先照相。仿照相銅版法。用藥腐蝕。再將原版電鍍金銀。永不退色。惟此版只能懸掛。不能印刷。

凸凹壓版 此版製陰陽文各一塊。用時將陽文版置紙下。陰文版置紙上。用重力強壓之。紙上卽現凸起之文字。股票紙幣等用此。可免挖補塗改之弊。

藝徒學生彫刻鋼版成績 本館向用上等工匠。皆東西洋產。一面令華工學習。近則什九華人。非華產者不過十餘矣。去年募集藝徒三十人。令學各種技術。而彫刻鋼版。進步尤速。此次出品中。各生成績尙有可觀。他日進步可預期也。

以上所述。皆印刷品中之最要。而本館已能爲之者也。今年更委託張菊生參議。調査歐美印刷狀況。據所報告。新法新機。頗非尠少。本館擬俟張參議歸國。力圖改良。務令吾國印刷術進步歐美。恢復印刷最古國之名譽。其亦邦人君子所樂予贊成者歟。

圖書出品說明

本館創辦以來。壘延海內通儒。教育專家。及留學歐美日本大學學士博士。專任編譯之事。或翻譯名著。或自編新書。出版圖書。計及千種。凡關於編纂翻譯。以及圖畫印刷裝訂紙張墨料等。無不兢兢致意。頻年銷路。本增。卽初等小學最新國文敎科書一種。已壘六十餘版。售數至七百餘萬冊。其他各書概可類推。各書內容。具載書目提要。茲更提綱挈領。說明於下。

一　敎科書類

謹案　學部定章。所有學堂階級。分初等小學堂。高等小學堂。中學堂。師範學堂。實業學堂。高等學堂。而初等小學。又有完全簡易之分。本館根據定章。編成敎科書多種。其高等小學以下之敎科書。則文詞簡易。圖畫明顯。程度深淺。悉與學童相合。無過高過深之弊。而各科應有之智識。仍極詳備。俾學者卒業小學。得自成爲完全之國民。各種敎科書。均另編敎授法。或詳解。按課說明。專供敎員之用。中學以上之敎科書。則材料豐富。科目完備。理論實驗。最精最新。插圖附表。最詳最碻。英文各書。多就吾國學術俗尚。自行編纂。尤合國民敎育之用。與向來假用西國舊籍者不同。計本館所出敎科書約三百餘種。業經　學部審定者。約一百二十餘種。均將　學部評語。擇要摘錄。刊印成冊。專備各學堂選用　學部審定敎科書者。隨時選購。

茲將各敎科書分類列下。

初等小學堂敎科書四十餘種　高等小學堂敎科書四十餘種　女學堂敎科書十餘種

其科目則有修身　國文　國語　歷史　地理　算學　格致　理科　習字　習畫　手工　體操　唱歌　游戲　英文　農業　商業等

中學堂敎科書一百八十餘種　師範學堂敎科書三十餘種　高等學堂用書二種　實業學堂用書四種

其科目則有修身　國文　歷史　地理　博物　理化　算術　代數　幾何　三角法　微積　圖畫　音樂　體操　理財　簿記　英文讀本　英文文典　英文尺牘　英文歷史　英文科學　英文詞典　法文　德文　日文等

此外尚有兒童用書若干種。專供家庭敎育之用。宣講用書若干種。皆經　學部審定者。專供社會敎育之用。尺牘類若干種。或選古人名作。淵懿典雅。或爲初學編纂。淺顯明白。以上三種。皆與教科書相類。故附見於此。

二政法書類

預備立憲。明　詔特頒。各省諮議局。地方自治。先後成立。資政院且於今年九月開幕。而法官考試文官考試。亦將次第舉行。凡屬國民。洵不可不具政法之學識。本館特延政法專家。從事編輯。本國舊有之典例。則恭校印行。以廣流傳。本國新頒之法令。則詳加解釋。以供研究。政法學理。及外國法制。則擇要譯述。以資採擇。或備學堂講授之用。或爲考試必備之本。成書計七十餘種。茲分類列下。

本國典例四種　本國法令六種　解釋本國法令書十餘種　法律政治經濟等書二十餘種　憲法議會書十餘種　地方自治書四種　政法詞典二種

三地圖類

既爲世界上人。不可不知世界大勢。既爲本國人。不可不知本國大勢。本館所製各種地圖。或爲明細圖。或爲暗射圖。或爲挂軸圖。或爲摺疊圖。其中有實地測繪者。有譯自他國者。皆調查詳確。符號明顯。校讎精細。印刷美麗。不特學生教員可資參攷。即客廳書室。以之點綴壁間。亦可備隨時瀏覽之用。茲將各圖列下。

世界全圖七種　本國總圖四種　各省分圖十餘種
都會商埠專圖三種

四雜誌類

天下之大。事務之繁。欲合全國之心思才力。以互相研究。則不可無雜誌。甲國之長。乙國之短。欲合萬國之政治學術。以參訂異同。尤不可無雜誌。本館始創外交報。已屆十週。續出東方雜誌。亦逾六載。去年又出教育雜誌。一時風行。銷數已達一萬五千餘。爲從來所未有。茲將各種雜誌內容。分列於後。

一教育雜誌

爲研究教育改良學務而設。所載學理方法。紀事法令。均極詳備淺顯。有裨實用。二年以來。其所提倡。皆教育界極要之事。卷首冠以精美之銅版寫眞。卷末附以有趣之文藝小說。有志教育者。手此一編。不啻獲一良友。

一東方雜誌

本雜誌出版後。頗承閱者稱許。戊己之間。一再改良。益形完備。所記論說譯件調查等門。條理秩如。便於翻閱。紀事詳而要。可作現代史讀。首列銅版名畫。尤饒興趣。

一外交報

本報分論說　諭旨文牘譯論外交大事記世界大事記國際法專件。內容豐富。體裁美備。

五小說類

本館編譯各種小說。皆材料豐富。趣味深長。情節離奇。文詞明顯。其內容則歷史地理偵探寫情科學社會冒險等類。無不具備。或爲文言。或爲白話。皆爲人人所愛讀。茲將各書分類列下。

說部叢書一百種　歐美名家小說三十餘種　袖珍小說二十種　新著小說二十餘種　新譯小說二十餘種

六日記簿册類

人事日繁。交際日廣。吾人愛惜光陰。勤於記載。旣可以免遺忘。又可備異時檢閱。故世界愈文明。則日記簿册之用亦愈廣。此不徒本館之銷數漸增。亦藉以覘國民程度之進步也。本館自光緒三十年創製袖珍日記。用者稱便。續又增製多種。大者可置案頭。小者可藏懷中。形式美麗。裝訂堅實。無待言矣。簿册之用。或以供學生之練習。或以供官商之記載。種類甚多。分列如下。

日記五種　簿册八種

以上六類。固已各成一部。此外尙有重印各種舊書。校對審愼。印訂精工。種類頗多。不及贅述。

近來新出各書。兼重圖畫。蓋所以助解釋增興趣也。本館歷年注意於此。計已成之圖。或爲銅版。或爲鋅版。或爲黃楊木。或爲梨木。雕刻精工。印刷鮮明。共二萬四千餘塊。分類儲藏。以備印刷之用。

百年前海王村之書肆 琉璃廠於遼爲海王村

乾隆時益都李文藻所著南澗文集中有琉璃廠書肆記云。琉璃廠因琉璃瓦窰爲名。東西可二里許。未入廠東門。路北一鋪曰聲遙堂。入門爲嵩口堂唐氏。名盛堂李氏。皆路北。又西爲帶草堂鄭氏。同升閣李氏。皆路南。又西則路北有宗聖堂曾氏。聖經堂李氏。聚秀堂曾氏。路南爲二酉堂。文錦。文繪兩堂。寶田堂。京兆堂。榮錦堂。經腴堂。皆姓李氏。宏文堂鄭氏。英華堂徐氏。文茂堂傅氏。聚星堂曾氏。瑞雲堂周氏。二酉堂自明中葉已有之。人故呼爲老二酉。迤西南轉沙土園北口。路西有金氏之文粹堂。肆賈謝姓。頗深目錄之學。爲乾嘉兩朝冠。又北轉至正街。爲文華堂徐氏。在路南。而廠橋東之肆盡矣。橋西僅七家。先月樓李氏在路南。又西爲寶名堂周氏。在路北。又西爲瑞錦堂。亦周氏。在路南。其地即韋姓鑑古堂舊址。韋氏在乾隆初頗有聲。全謝山杭大宗朱笥河諸先生皆折節與交者也。又西爲煥文堂周氏。五柳居陶氏在路北。陶氏即黃蕘圃題跋所謂五柳主人者也。又西爲延慶堂劉氏。在路北。又西爲博古堂李氏。在路南。自此出廠西門。書肆盡矣。今去南澗時甫百年。而記中所列各家。乃無一存焉者。求如陳思蔡益所之流。益不可得矣。南澗集在潘氏功順堂叢書中。今印本亦漸希。爰撮其要於此。以餉後之修城坊記者。

高麗之大藏經版 據東報

朝鮮慶尚北道陜川郡伽耶山主管僧李某所住之海印寺有保藏東洋第一之大藏經版木原該寺之建在新羅哀莊王第二年壬午名僧順德所創建者距今千百九年前日本坪數二千五百六坪藏經閣創建年代不詳但刻版全部完成之日則高麗宗第三十八年南宋理宗淳和十一年辛亥距今六百六十年前抑其閣得非同時之前後所創建乎藏經閣在本堂大舜光院背后所藏大藏經版計八萬六千六百八十六面置五層版架每層縱二列其位置體裁恰如歐風之書架貯舶來書籍者閣計二棟皆廣三十三間深五間木造葺瓦者前谷左右皆二間間置上下二窗窗可開閉空氣之流通甚便

前面一棟入口懸扁額題修羅多藏四字柱聯左右其一書四十年說何曾法其一書六千卷經獨此法中央通路之上另設一室懸八萬經閣四字及靈壽殿三字兩扁額室內懸世祖大王畫像及藏光武三年印刷之大藏經惜中有缺本者左側壁際設壇祀童眞菩薩像後面一棟設中央一室題法寶殿三字左右柱聯書圓覺道場何處現今生死卽是安置佛像乃毗盧遮那佛者屋內設版架配列藏版與他棟無異背面壁際祭山

神畫像同閣建坪總計三百十四坪四合八勺規模宏壯外見雖堅牢結構別無所謂輪奐之美不過僅爲藏經之一倉庫也要之海印寺所藏之大藏經版其彫刻始於高麗高宗即位第二十四年丁酉經十一年戊申告成大藏經目錄共刻六千五百四十七卷其後補遺更刻宗鏡錄及其他二百三十三卷論鈔越四年始成則其經版工事計前後費十五個年歲月全部六千七百八十卷八萬六千六百八十六枚洵彫造之大事業也高麗有此不可誇乎

論列國一年出版之書籍與其國民額數比較之情形

當今二十世紀誠爲科學發明最盛之時代然苟無古今科學書籍蒸臣考証則雖有不世之才亦難臻如此之進步近十年以來從無人將各國每年書籍出版之多寡與其國民額數之大小列爲形式之比例令人一目了然誠爲憾事故近有統計學家煞費苦心慘談經營竟將此事發明列成一表以故列國無不歡迎蓋其所計算者與列國所關極重非特各國學術進步之情形從此畢露即素來委靡不振之國一覽此表亦莫不驚醒奮然之興起爭先恐後按其本國人數之多寡刷印各種科學以便教育普及開通民智蓋教育民智均視其書籍出版之多寡爲比例故出版多者出版少者其國之智識教育大有霄壤之別有數國智識教育普通相差無幾者有一國超然出羣者書籍之功效偉矣大矣是以古人有言曰展卷有益旨哉言乎誠不我欺也是故歐美列國非特教育發達民智日開蒸蒸日上即其各種科學發明者日見其多而造就之碩學鴻儒亦日見其衆焉且至要者即一國所出之書不祇僅消於本國且消售於他國即如法文之小說戲曲文詞等書多爲他國所樂識而德文之文學經典與科學等書籍則尤爲世界之文學士子之所欣賞者也德文書籍銷輸於日本頗多故日人近來所譯德文書籍雖多而德國每年輸入之額仍不見少此外尚有多種科學並非德國博士所著然亦多有譯成德文刷印者或用德文著作一如歐美古時之用拉文字者蓋歐洲列國學生與博學之士近世專以德文爲普通之言語即各區區之瑞士國以及

列國一年出版書籍與其國民額數相較之情形圖

與國所有社會交際均用德國語言其本國所讀之書概系德國文字今據統計學家所計各國每年所出之書其於教育之進化所關非淺故特開列一表於左

德國　人民五千六百三十六萬七千　書籍二萬七千零三十五種
美國　人民七千六百零八萬五千一百九十四　書籍七千四百八十一種
英國　人民四千一百九十七萬七千　書籍九千〇四十二種
法國　人民三千八百九十六萬二千　書籍一萬二千二百五十二種
奧國　人民四千七百五十萬　書籍二千三百二十二種
義國　人民三千二百四十八萬　書籍六千一百零五種
荷國　人民五百十萬四千　書籍三千一百九十種
瑞士國　人民三百三十二萬七千四百　書籍七千三百〇四種

人苟欲知某國所出書籍之多寡當以其書籍之數與其人民之額開比例以於較如瑞士與美國其發明之書籍爲數亦相差無幾但與其二國人民之額數以於較則即形美國遜於瑞士矣故統計學家不第計數以相較且給圖以形大小多寡之不同其圖即每人懷抱一書下書其國之名所給人之大小即其人民之數書之巨細即其書籍之數蓋以人不必知其數而第觀其圖則其人民書籍之比較之情形即洞悉無遺矣惟中日二國未列其統計表內於此不免有所憾焉

附表

史料信息详表

篇名	作者	译者	期刊名称	卷	期	出版日期
申明印格物入门一书事			中国教会新报		7	1868 年 9 月 2 日
答半謦庸人问印书价			中国教会新报		27	1869 年 2 月 1 日
印书			中国教会新报		51	1869 年 7 月 28 日
京师翻译圣经告成			中国教会新报		62	1869 年 11 月 2 日
活字版考	王谦如		中国教会新报		162	1871 年 10 月 6 日
美华书馆述略			中国教会新报		165	1871 年 10 月 27 日
记美国二先生著述			中国教会新报		167	1871 年 12 月 23 日
大印书房			中国教会新报		248	1873 年 8 月 2 日
印书新机（附图）			中西闻见录		17	1873 年 12 月
印书会			中国教会新报		272	1874 年 1 月 31 日
书籍源流			中国教会新报		273	1874 年 2 月 7 日
德国新撰书籍数			中国教会新报		273	1874 年 2 月 7 日
助钱印书传道	蓝牧师		万国公报		301	1874 年 9 月 5 日
印送圣书			万国公报		307	1874 年 10 月 17 日
大印书房			万国公报		311	1874 年 11 月 14 日
美华书馆本年清单			万国公报		333	1875 年 4 月 24 日
印书机器图说			格致汇编	1	春季号	1876 年
书籍考	王炳堃		万国公报		421	1877 年 1 月 6 日
续书籍考	王炳堃		万国公报		422	1877 年 1 月 13 日
东洋刻印格物探源			万国公报		430	1877 年 3 月 17 日
印书略记		艾约瑟	益智新录	2	1	1877 年 6 月
西国印书考			小孩月报	5	5	1879 年 5 月
印书迅速			图画新报	1	1	1880 年 4 月

续表

篇名	作者	译者	期刊名称	卷	期	出版日期
论设局刊刻书籍			万国公报		612	1880 年 10 月 3 日
乞印书并释论言说			万国公报		619	1880 年 12 月 18 日
印石新获			益闻录		83	1881 年 1 月 8 日
光墨印书			万国公报		651	1881 年 8 月 6 日
印书新制			益闻录		131	1881 年 12 月 17 日
创设书局			万国公报		714	1882 年 11 月 11 日
论西法印书			益闻录		946	1890 年 3 月 15 日
新刊书籍			万国公报		26	1891 年 3 月
印书馆四咏			益闻录		1080	1891 年 7 月 8 日
圣教书会新出及重印书籍			月报	17	11	1892 年 3 月
著书获利			益闻录		1191	1892 年 8 月 10 日
印书新机			万国公报		50	1893 年 3 月
电气排字			万国公报		61	1894 年 1 月
美国印书日盛			时务报		13	1896 年 11 月 1 日
严禁翻刻新著书籍告示			万国公报		97	1897 年 2 月
新著中东战纪本末续编定期出售启			万国公报		98	1897 年 3 月
翻译泰西有用书籍议	高凤谦		时务报		26	1897 年 4 月 11 日
书籍大行	前人		中西教会报	3	32	1897 年 8 月
著书专利			集成报		17	1897 年 9 月 15 日
大同译书局叙例	梁启超		时务报		11	1897 年 9 月 21 日
译书局末议	刘桢麟		知新报		63	1898 年 7 月 11 日
著书专利（五月官书局汇报）			湖北商务报		17	1899 年 2 月
翻刻书籍有禁			知新报		99	1899 年 8 月 11 日
保护著书专利定章			万国公报		130	1899 年 11 月 15 日
圣经广布			万国公报		158	1902 年 3 月 15 日
日本编定中小学校教科书沿革			经济丛编		5	1902 年 4 月 15 日
女报出版			选报		19	1902 年 5 月 11 日

续表

篇名	作者	译者	期刊名称	卷	期	出版日期
印书速率			选报		37	1902年11月11日
汉口圣教书局印书纪数			中西教会报		8	1903年1月
新教育界			北洋官报		41	1903年2月14日
润笔助振			万国公报		170	1903年2月15日
润笔倍增			万国公报		172	1903年4月15日
美国图书出版数之增加			大陆报		6	1903年6月1日
监印书籍			北洋官报		188	1903年11月13日
袁世凯与文明书局版权			江苏		910	1904年1月18日
上海商务印书馆编辑小学教科书缘起			济南报		26	1904年3月3日
北京书局恳请商部开办书业商会禀暨章程（并批）			南洋官报		172	1904年12月18日
书业同人因警世钟案呈商会书			大陆报	2	12	1904年12月2日
江督周准外务部咨转饬司道保护美国印书公司版权札文			南洋官报		180	1905年1月14日
创办大印书馆			北洋官报		654	1905年4月24日
美华浸会书局进步谈	湛罗弼		真光月报	4	4	1905年6月1日
学部批示			北洋官报		1139	1906年8月8日
美国国家印书局			万国公报		212	1906年8月15日
欧洲书籍之出版数目			云南		6	1907年6月15日
美国之新闻杂志数目			云南		6	1907年6月15日
英国初印书籍	生		新朔望报		4	1908年
西人译中国书籍及在中国发行之报章	陈潜		东方杂志	5	9	1908年9月25日
印刷物与社会的关系			河南白话科学报		30	1908年11月29日
营业写真：排字、印书			图画日报		103	1909年10月14日

续表

篇名	作者	译者	期刊名称	卷	期	出版日期
论著作权法出版法急宜编订颁行	陶保霖		教育杂志	2	4	1910 年 4 月 1 日
南洋劝业会商务印书馆出品说明书			图书汇报		1	1910 年 7 月
百年前海王村之书肆	春冰		国风报	1	19	1910 年 7 月 11 日
高丽之大藏经版			国粹学报	6	10	1910 年 10 月 2 日
论列国一年出版之书籍与其国民额数比较之情形			协和报		12	1910 年 11 月 21 日